AF226662

VOUS ÊTES

DES BLAGUEURS

PAR UN OUVRIER

F. ALLANTAZ

PARIS

PHILIPPE REICHEL

Librairie Centrale française et étrangère

5, RUE DE TOURNON, 5

—

1877

VOUS ÊTES

DES BLAGUEURS

PAR UN OUVRIER

F. ALLANTAZ

PARIS

PHILIPPE REICHEL

Librairie Centrale française et étrangère

5, RUE DE TOURNON, 5

—

1877

VOUS ÊTES DES BLAGUEURS

C'était cependant bien entendu! M. Thiers succédait au Maréchal, M. Thiers redevenait président de la République. C'est M. Gambetta qui l'avait déclaré à la tribune, et c'est lui-même qui nous en faisait l'offre.

Depuis que les Prussiens ont quitté le territoire, il était convenu dans le monde bourgeois, où M. Gambetta venait de faire son entrée officielle par ce parrainage, que ce serait M. Thiers qui aurait l'honneur entier de leur départ. Sans M. Thiers, la rançon qu'ils nous ont imposée n'aurait jamais été payée. Au lieu de cinq milliards, nous aurions été condamnés à en payer dix, et avec l'Alsace et la Lorraine nous aurions encore perdu la Champagne et la Franche-Comté. M. Thiers représentant bien toutes les nuances du parti bourgeois par ses goûts bonapartistes, ses sentiments orléanistes et ses intérêts républicains, les parvenus ennemis de « la vile multitude » lui devaient cet honneur.

Tous les Français n'ont pas eu cependant, comme M. Thiers et M. Gambetta, l'avantage de retirer profit et gloire de tous nos malheurs. Il en est qui ne se sont arrondis de rien, et qui feront un jour à M. Thiers la part qui lui revient dans nos affaires depuis 1830, époque où il conspira avec des princes *les trois glorieuses* qui devaient remettre les destinées de la France aux mains de la démocratie patentée. L'Histoire enregistrera que l'homme de la « vile multitude » a libéré le territoire de l'invasion allemande, comme il a récolté des alliés à la France, pendant la défense nationale, dans son voyage hygiénique à travers les cours étrangères. Il dira que le plus grand service rendu au pays pendant l'année terrible qui vit l'invasion et la Commune, c'est à lui-même qu'il le rendit, en changeant sa petite maison de la place Saint-Georges en un grand hôtel, au moyen d'une somme de *un million cinquante mille francs* qu'il fut aussi ladre d'accepter que l'Assemblée fut coupable de la lui voter.

M. Thiers, flanqué de Jules Favre, un autre nom cher à la France, et d'une commission de quinze délégués de l'Assemblée, a négocié avec l'Allemagne ce triste traité de paix qui fut tel qu'il n'aurait pu être pire. M. de Bismarck dicta ses conditions. M. Thiers se contenta de les transcrire : et, ni alors ni plus tard, il ne lui a été donné de diminuer d'un sou la rançon pécuniaire, d'un pouce la rançon territoriale.

Il est vrai que, sans M. Thiers, la Commune serait encore maîtresse de Paris. C'est lui qui a commandé dans cette affaire où seul il a combattu. Quant aux exécutions sommaires qui ont suivi l'entrée des troupes à Paris, M. Thiers s'en lavait les mains : c'étaient les soldats qui les avaient faites, d'après les ordres du gouvernement, c'est vrai ; dont M. Thiers était le chef, c'est vrai ; ordres qu'il avait signés, c'est encore possible ; mais il n'y avait pris aucune part. Il n'avait pris non plus aucune part aux condamnations et à l'envoi en Nouvelle-Calédonie des milliers d'ouvriers qui avaient été enrégimentés de force par les quatre-vingts fils de bourgeois que Paris a vus légiférer. Ce sont les conseils de guerre qui ont tout fait ! Les conseils de guerre ont fonctionné en vertu d'une loi de circonstance, dont le projet a été présenté à l'Assemblée par les ministres de M. Thiers, c'est possible, et dont M. Thiers a soutenu lui-même la discussion, c'est incontestable ; néanmoins, c'était commettre une injustice que d'impliquer la responsabilité de M. Thiers dans cette affaire. Ainsi raisonnaient ses courtisans, et nous devions les croire.

Vous ne devez pas rêver davantage que M. Thiers s'est enfui piteusement le 18 mars, laissant Paris « cuire dans son jus, » suivant son expression ; que, grâce à lui, et sans l'intervention de l'homme de la Providence, du hasard, le Mont Valérien allait tomber aux mains de la Commune ; que la veille du 18 mars il faisait de l'esprit bourgeois sur l'artillerie formidable de la butte Montmartre. Ce n'est pas le Mont Aventin, disait-il, c'est le *Mont Enfantin !* Oui, M. Thiers a bien mérité..... de lui-même. Il devait être président de la république, M. Gambetta le voulait, et les prophéties de M. Thiers devaient s'accomplir :

La république finit toujours dans le sang ou dans l'imbécillité.

C'est également entendu, les 363 qui formaient à la Chambre l'arc-en-ciel des appétits politiques de la bourgeoisie démocratique, et que la dissolution vient de mettre en disponibilité pour cause d'affections piloriques, ne rencontreront sur leur chemin aucun républicain pour faire obstacle à leur réélection. Le candidat de 1869, l'engraissé qui nous est revenu de Saint-Sébastien, en 1871, pour nous apprendre, après lui avoir juré fidélité, que le mandat impératif ne pouvait pas être exécuté, M. Gambetta, dont M. Bertauld s'est fait au Sénat le garant des idées conservatrices, en a signé la sentence! laquelle est motivée sur le mérite rare de ces Messieurs *et l'intérêt de la cause.* Et comme les ouvriers n'ignorent pas qu'ils doivent en toutes circonstances ne faire autre chose que ce qui leur est commandé par les représentants de la coterie à laquelle ils sont redevables des jours de délices qu'ils goûtent depuis un siècle, ces Messieurs sont sûrs qu'ils apporteront à leur obéir un empressement égal à la reconnaissance qu'ils leur doivent.

Néanmoins, si d'aucuns d'entre eux nourrissaient la pensée coupable de se faire rebelles à cette injonction, basée sur le mérite rare des 363, et l'intérêt de la cause de M. Gambetta, ils trouveront dans la formule des raisons électorales, pour 1877, un supplément qui lèvera tous les scrupules.

Voici le supplément :

L'instruction laïque, gratuite et obligatoire;

la guerre avec l'Allemagne; l'envahissement du clergé, et l'intérêt de la république.

En 1875, la formule était : les droits féodaux; l'envahissement du clergé; l'instruction laïque, gratuite et obligatoire, et l'intérêt de la république.

En 1871 : la revanche; les capitulards; la libération du territoire; l'envahissement du clergé, et l'intérêt de la république.

En 1869 : la décentralisation; le mandat impératif; l'influence du clergé, et la suppression des armées permanentes.

En 1852 : la légende bonapartiste; le génie de Louis Napoléon; l'envahissement du clergé, et l'extinction du paupérisme.

En 1848 : l'avarice de Louis-Philippe; le droit d'association; l'influence du clergé; la réforme sociale, et le droit au travail.

Le morceau des dangers de la guerre jouera un grand rôle! Les quelques centaines d'imbéciles qui se sont tressé des couronnes de patriotisme à Bordeaux, dans les préfectures et les sous-préfectures, en 1871, en criant la guerre à outrance, quand notre armée était prisonnière, Paris, Rouen, Le Mans, Tours et Dijon au pouvoir de l'ennemi, s'en tresseront aujourd'hui avec la paix à outrance. Nous avons cependant 800,000 hommes instruits, armés et équipés, une artillerie formidable et nos arsenaux remplis, à opposer à l'agression d'une puissance qui songerait à nous attaquer. Malgré cela, la paix à outrance est dans le programme, et les imbéciles, en 1877, ont le même besoin d'y avoir recours pour être députés ou rentrer en place qu'en 1871, avec l'envahissement sans hommes et sans armes, ils avaient besoin de la guerre à outrance pour entrer à l'Assemblée ou rester dans les préfectures. La chose ne saurait donc surprendre. Ne faut-il pas qu'à chaque période électorale les hommes d'affaires, les médecins, les plumitifs, tous les saltimbanques dont le suffrage universel a la vertu d'échauffer l'ambition, aient une formule appropriée aux circonstances?

La bourgeoisie n'a pas inventé le suffrage universel pour le besoin de la classe ouvrière, du petit commerce et de la petite culture. Elle l'a inventé pour l'établissement de sa domination, et pour créer la guerre entre les déshérités de la fortune et la classe supérieure. La bourgeoisie n'a jamais ignoré qu'avec sa presse et ses sous-bourgeois : bureaucrates, commis et contre-maîtres, elle ferait des ouvriers autant de marionnettes qui danseraient à son profit. Dans son état actuel, le suffrage universel n'est rien moins qu'une monstruosité, la machine la plus contraire aux intérêts de la France, la plus idiote et la plus démoralisante qui se puisse concevoir. C'est à lui que la classe ouvrière doit son asservissement au capital industriel; à lui que la France doit son abaissement, les césars, les invasions, les dictatures et le désordre moral qui l'a pénétrée jusque dans la famille. Se peut-il vraiment comprendre que les destinées d'un peuple puissent reposer sur les suffrages d'électeurs dont les trois quarts ne connaissent de la politique et des candidats que ce qu'il plaît à une presse mercenaire et à ses agents de leur en dire? La crédulité et la bonne foi de tant d'honnêtes gens peuvent-elles être ainsi livrées en pâture à des hommes qui, pour la plupart, n'offrent d'autres garanties de moralité qu'une vie passée à s'exercer sur la parade et à courir des grues?

Le suffrage universel ne serait-il pas plus moral et plus équitable, s'il reposait sur la représentation spéciale des intérêts? Ne serait-il pas, dans ce cas, au lieu d'un agent de corruption et de désordre, un grand instrument de moralité et de paix sociale?

On compte douze sortes d'intérêts divers :

La grande propriété,
La grande industrie,
Le haut commerce,
La petite propriété,
La petite industrie,
Le petit commerce,
L'instruction : universités et cultes;
La magistrature,
L'armée et la marine,
L'administration,
La classe ouvrière,
Les hommes d'affaires.

Établissez le suffrage universel sur la représentation spéciale de ces douze intérêts.

Pour la Chambre.

Accordez à la grande propriété, à la grande industrie et au haut commerce réunis, deux députés par département, ci... 172

A la petite propriété, un, ci.................................. 86

A la petite industrie, un, ci.................................. 86

Au petit commerce, un, ci.................................... 86

A l'instruction, un, ci.. 86

A la magistrature, à l'armée et la marine, à l'administration et aux hommes d'affaires, un, ci. 86

A la classe ouvrière, un, ci.................................. 86

TOTAL............ 688

Pour les Conseils généraux.

A la grande propriété, à la grande industrie et au haut
    commerce réunis...................... 12
A la petite propriété.......................... 4
A la petite industrie.......................... 4
Au petit commerce............................ 4
A l'instruction............................... 2
A la magistrature, à l'armée et la marine, à l'ad-
    ministration et aux hommes d'affaires..... 4
A la classe ouvrière.......................... 4
                   TOTAL.......... 34

Pour les Conseils d'arrondissements.

A la grande propriété, à la grande industrie et au haut
    commerce réunis...................... 6
A la petite propriété.......................... 2
Au petit commerce............................ 2
A la petite industrie.......................... 2
A l'instruction............................... 2
A la classe ouvrière.......................... 2
                   TOTAL.......... 16

Pour les Conseils des communes.

Au-dessous de 500, et de 500 à 1,000 habitants :

	Au dessous de 500.	500 à 1,000.
Aux plus imposés............	5	6
A la petite propriété..........	5	6
Au commerce................	1	1
A la classe ouvrière..........	1	1
TOTAL.....	12	14

Pour les Conseils des communes.

	De 1,000 à 1,500.	1,500 à 3,000.
Aux plus imposés............	6	6
A la petite propriété..........	6	6
Au commerce.................	3	6
A la classe ouvrière..........	1	2
TOTAL........	16	20

Pour les Conseils des villes.

	De 3,000 à 10,000.	10,000 à 20,000.
Aux plus imposés du foncier....	6	7
Aux plus imposés du commerce.	6	7
A la petite propriété..........	6	5
A la petite industrie..........	3	4
Au petit commerce..........	6	6
A l'instruction...............	1	2
A la classe ouvrière..........	2	3
TOTAL........	30	34

Pour les Conseils des villes.

	De 20,000 à 50,000.	50,000 à 100,000
Aux plus imposés du foncier....	6	8
Aux plus imposés du commerce.	6	8
A la petite propriété..........	6	8
A la petite industrie..........	6	8
Au petit commerce..........	6	8
A l'instruction, à l'armée, etc...	6	6
A la classe ouvrière..........	4	4
TOTAL........	40	50

Pour les Conseils des villes.

De 100,000 à 500,000 ; de 500,000 et au-dessus.

	De 100,000 à 500,000.	Au-dessus.
Aux plus imposés du foncier....	10	12
Aux plus imposés du commerce et de l'industrie...............	10	12
A la petite propriété............	10	12
A la petite industrie............	10	12
A l'instruction.................	2	6
A l'armée et la marine..........	2	4
Aux hommes d'affaires.........	2	4
Au petit commerce.............	10	12
A la classe ouvrière...........	4	6
Total.......	60	80

Je ne puis croire que les gens de bonne foi, qu'aucune passion ou aucun intérêt n'attache au succès du bonapartisme ou de la république, qui sont l'un et l'autre les régimes d'un suffrage universel établi sur la confusion de toutes choses, ne comprendront pas que la solution de la grave question de la nomination des maires, par le gouvernement ou par les conseils, serait le premier bienfait que la France retirerait du système de la division des intérêts. Les conseils ne seraient-ils pas tous alors des assemblées animées de l'esprit le plus modéré et le plus libéral, auxquelles la nomination des magistrats municipaux pourrait être confiée sans le moindre danger pour personne ?

———

Maintenant, si vous croyez que la Seine et le Nord ont besoin de plus de députés et de conseillers généraux que la Creuse et l'Ain, augmentez ou diminuez, suivant la population des départements, et proportionnellement par classe, le chiffre des représentants. Vous aurez alors le suffrage universel de la justice, de la moralité, de l'ordre et de la tranquillité, le suffrage universel du bon sens.

La classe ouvrière peut-elle espérer le concours de la bourgeoisie démocratique aux Chambres, pour l'adoption d'une loi qui modifierait le régime électoral au profit du système de la représentation spéciale des intérêts ? Non, assurément non !

Si les narcisses et les coquelicots bourgeois, qui comptent sur notre naïveté pour être réélus, reparaissaient à la Chambre, le projet de cette loi ne rencontrerait pas d'ennemis plus décidés à le combattre ; et tout ce que la France compte de déclassés, de fruits secs et de corrompus, dont la presse, les hommes d'affaires et le patronat fournissent en grande partie le contingent, n'auraient qu'une âme et qu'un cœur pour applaudir.

Et cela se comprend ; le jour où la classe ouvrière serait en possession du droit de représentation spéciale par ses pairs, dans les Chambres et dans tous les conseils électifs, le petit commerce et la petite culture seraient investis du même droit ; et, comme l'ouvrier, ils iraient d'instinct aux hommes de leur condition les plus dignes de les représenter. Il n'est pour personne d'usage de prendre pour avocat le parent ou l'ami de celui contre qui on plaide. Or, sans l'ouvrier, sans le petit commerçant et le petit cultivateur, sans les éléments de cette pâte électorale que la bourgeoisie démocratique pétrit avec tant de succès, au moyen d'un ramassis de lieux communs que les journaux à sa solde et tous ses compères traînent de tables d'hôte en cafés, d'auberges en cabarets, sur :

La noblesse,
Le cléricalisme,
L'inquisition,
Le droit du seigneur,
La dîme,

Les corporations ouvrières,
Les nones et les jésuites,
Les biens de mainmorte,
Le bien-être moral et matériel,
La liberté,
L'instruction laïque, gratuite et obligatoire,

Que deviendraient, avec leurs candidats, l'omnipotence du patronat, la cupidité des hommes d'affaires et l'arrogance de la bureaucratie ? Ce que deviennent les roses.

Mais le suffrage universel est là, avec l'ouvrier, le petit cultivateur et le petit commerçant pour électeurs ; et aux prochaines élections, aux suivantes, et après encore ! sous l'influence des promesses, des flatteries et des menaces habituelles, nous les verrons de nouveau se faire les complices de leurs ennemis ; et dans un siècle, les uns et les autres formeront un bétail que la loi Grammont ne protégera même pas.

Au fond, pour le présent comme pour l'avenir, y a-t-il réellement, sérieusement quelque chose dans toutes ces hâbleries ? Pour l'ouvrier, particulièrement, y a-t-il autre chose que des blagues, et encore des blagues ? Voyons-le un peu.

LA NOBLESSE

Elle n'existe plus que pour mémoire. De ses priviléges et de sa puissance du temps passé, il reste quoi? des parchemins convoités par les enrichis de la démocratie! Pas autre chose.

LE CLÉRICALISME

Il est toujours très en vogue. Avant 1870, on le connaissait plus spécialement sous les mots d'*influence cléricale*. Le *Constitutionnel*, sous Louis-Philippe, a fait fortune à le combattre pour le compte de Louis-Napoléon. Sous l'empire, le *Siècle* en a vécu, et tous ses rédacteurs y ont gagné les faveurs du Palais-Royal ou des siéges à la Chambre. Depuis 1870, les candidats qui négligent cette réclame n'ont pas tous les atouts dans leur jeu. C'est un gros dada qui porte généralement loin les petits bourgeois qui l'enfourchent en temps électoral. Aussi combien grand est le nombre de ceux qui se le paient; et combien plus grand encore est le nombre des nigauds qui leur prêtent attention!

Les dangers du cléricalisme! Comme c'est bourgeois, et comme c'est profond! Que d'esprit il faut avoir pour écrire cela dans une circulaire, et que de courage !

L'INQUISITION

Elle n'a existé en France que de 1223 à la fin du XIII° siècle ; mais l'Espagne l'a longtemps connue, Séville particulièrement, par les exploits terroristes d'un Thomas Torquemada, un démocrate de son temps, l'un des ancêtres des bourgeois de 1791. C'est même à Torquemada que les conventionnels ont emprunté la loi des suspects et l'institution des Calificadores.

LE DROIT DU SEIGNEUR

Le IX° siècle l'aurait vu pratiquer par deux ou trois barons débauchés du Roussillon, du moins d'après l'avis de quelques crevés de la bourgeoisie, qui savent juste de l'histoire ce que Régnier et Pigault-Lebrun leur en ont appris. Mais les compilateurs de l'école des Chartes en nient même le fait. C'est tout.

LA DIME

L'ouvrier ne l'a jamais payée, par la raison simple que la dîme réelle n'était applicable qu'aux produits de la propriété foncière, et que la dîme personnelle, ou de l'industrie, n'a pas d'historien pour préciser l'époque de son existence en France. Son origine remonte aux Hébreux. Les monarchies et les républiques en auront donc usé pendant plus de trois mille ans.

Ainsi que l'indique son nom, elle était fixée au dixième du revenu imposable. Elle a été remplacée par les impôts que nous connaissons, et dont le poids se fait si inégalement sentir sur toutes les branches de l'activité sociale. Les droits d'octroi et les contributions indirectes ne sont plus limités au dixième du revenu imposable : ils coûtent à la classe ouvrière les 20 0[0 de son salaire. C'est donc un singulier moyen de se faire une réclame électorale de la disparition de la dîme auprès d'une classe qui ne l'a jamais payée, quand les droits sous lesquels elle succombe sont tout entiers l'œuvre des parvenus de la démocratie; quand la perception de ces droits, par l'emploi des rats-de-caves et des préposés de barrières, est plus inquisitoriale et plus vexatoire que ne l'était la perception de la dîme par l'emploi des dîmeurs.

LES CORPORATIONS OUVRIÈRES

Elles furent supprimées en 1776, par un édit royal rendu sur le rapport de Turgot, le précurseur de M. Thiers, l'ennemi de « la vile multitude » de son siècle. Rétablies après la chute de ce ministre, elles furent abolies de nouveau, et cette fois définitivement, par l'Assemblée constituante, le 17 mars 1791. En 1821, une pétition couverte de 2,000 signatures du commerce parisien, fut renvoyée par le ministre au conseil général des manufactures, composé, comme de juste, de la fine fleur du patronat, qui déclara que l'institution des maîtrises ne saurait être rétablie, *que toutes les déceptions de l'intérêt, de la paresse et de la vanité* ne pouvaient prouver en faveur de leur rétablissement. Merci !

Les corporations sont la bête noire du patronat et du capital mercantil. Il ne s'est passé de jours, depuis leur suppression, sans que leur presse n'ait retenti des cris que la crainte de les voir revivre leur arrache. N'ont-elles pas été aussi, pour la classe ouvrière, le rempart qui lui permit d'échapper pendant des milliers d'années à l'influence de ce patronat et dó ce capital; de garder la dignité que donne le sentiment de l'indépendance; et de lutter, dans l'intérêt de la morale publique, contre le vol et la fraude organisés, qui ont si bien pénétré aujourd'hui dans les mœurs industrielles et commerciales que la plupart des patentés en font le symbole de leur foi et la pratique de toutes leurs vertus? De plus, ne serait-il pas humiliant pour les hommes d'affaires démocrates, huissiers, notaires et avocats, de voir des ouvriers qualifiés de maîtres comme eux? On en frémit!

Le congrès des ouvriers tenu à Paris en 1876, bien que la plupart de ses membres, sous l'inspiration des idées chères à la coterie, eussent été triés sur le volet, pour faire une tout autre besogne que de s'occuper de cette question, n'a pas moins eu pour bon résultat de mettre un frein à la trop vive ardeur déployée contre les corporations par les créatures de la bourgeoisie. Les ouvriers qui voient l'amélioration du sort de leur classe ailleurs que dans l'étude et la pratique des idées politiques et sociales des pêcheurs en eaux troubles, ont fait comprendre aux plus habiles de ces créatures qu'il serait imprudent de persévérer ouvertement dans la critique et le dénigrement des constitutions ouvrières; que toutes les redites sur les imperfections qui s'étaient glissées avec le temps dans ces constitutions, dont l'origine remonte aux colléges d'artisans que l'empire romain a vu former, auraient plutôt pour effet d'éveiller davantage que de détourner l'attention des ouvriers sur le profit qu'ils retireraient de leur rétablissement. D'ailleurs, les corporations qui existent encore aujourd'hui en Angleterre, et sans nuire à la liberté, ni entraver le développement du commerce et de l'industrie, ne peuvent-elles pas, du reste, montrer l'inanité de ces redites et servir au besoin à l'étude des réformes qui y seraient jugées nécessaires ? Aussi le mot d'ordre pour laisser dormir la question fut-il général. Plusieurs des organes de leur presse ont même feint de se montrer favorables à la création de syndicats. Mais il est vrai que, dans les articles où l'on a pu lire les hommages tardifs qu'ils s'efforçaient de rendre au principe des constitutions ouvrières, on a pu lire aussi à quelles conditions cette concession nous était faite.

La loi du 17 mai 1791 n'interdisant pas, disent-ils, aux ouvriers plutôt qu'aux patrons les moyens de se concerter pour vivre, nous n'avons le droit de faire aucune opposition à la

création de ces syndicats, en tant toutefois
qu'ils ne seront l'objet d'aucune reconnaissance
de la part du gouvernement ; que le patronat,
sous toutes ses formes, et le commerce conserveront la liberté de leurs mouvements et tous les
moyens d'action dont ils ont usé depuis 1791.
Ce qui veut dire, en bon langage, que ces syndicats n'auraient d'autre utilité pratique pour les
ouvriers que de servir de réunions politiques.

On ne peut être plus bienveillant ! Notre
reconnaissance.

LES BIENS DE MAINMORTE

Avant la Révolution, le clergé et la noblesse
étaient détenteurs de biens considérables, qui
n'étaient grevés d'aucune contribution. Pour ce
fait, l'État n'était pas tenu à l'entretien du culte
et des pauvres, et la nobesse lui devait à l'armée
ses services gratuitement. La corruption et le
scepticisme, qui s'épanouissent depuis cette
époque dans la bourgeoisie démocratique,
avaient fait de grands ravages dans les rangs de
la noblesse et du clergé qui vivaient dans l'atmosphère des cours du régent et de Louis XV.
Sous Louis XVI même, des plaintes fondées
s'élevaient de plusieurs provinces à la fois

contre l'abus que faisaient de leur pouvoir et de leurs biens beaucoup de membres des deux premiers ordres. Il y avait des abus moins criants et généralement moins répandus que les abus d'aujourd'hui envers la classe ouvrière, mais il y en avait; et celui de la chasse n'était pas le moins grand.

Aussi, ce point de la mainmorte et des abus est-il toujours obligatoire et du meilleur effet dans un tableau électoral, surtout aux yeux des électeurs qui ne se sont jamais demandé à qui la vente de ces biens avait pu profiter, et les avantages que la petite culture et les ouvriers en avaient retirés. Il est cependant nombre d'ouvriers qui savent que cette vente n'a servi exclusivement qu'à engraisser les parvenus des professions libérales et les plus imposés des communes rurales; lesquels ont trouvé là l'occasion inespérée, ceux-là de se payer des châteaux, et ceux-ci de s'arrondir aux meilleures conditions : moyennant quelques assignats, qui, sans cela, auraient fait fumier dans leurs coffres. Cette réclame n'est-elle aussi pour nous qu'une insolente ironie.

En admettant, ce qui est loin d'être établi par l'exemple de l'Angleterre, dont la noblesse n'a jamais été dépouillée, et où, néanmoins, l'ouvrier n'est pas plus pauvre que l'ouvrier français, que l'intérêt général exigeât la mainmise sur tous les biens de mainmorte, pourquoi, demandons-nous, vos pères qui dépouillèrent les deux ordres, vos pères qui, comme vous, se disaient démocrates, n'ont-ils songé qu'aux enrichis pour les faire profiter de cette bonne affaire? Pourquoi, à l'exemple d'un Empereur d'aujourd'hui, pas démocrate du tout, d'un théocrate même, et le plus puissant de la terre, ne partageaient-ils ces richesses aux manants qui vivaient sur les domaines saisis, à charge par ceux-ci, comme les serfs de la Russie, d'en payer aux propriétaires, ou à l'État, si vous le voulez, les redevances en quarante ou cinquante annuités; aux manants, à ceux-là qui arrachent à votre compassion les larmes chaudes que vous versez sur leur sort, quand nous nous récrions contre l'influence du capital ou que, dans un collége, l'une de vos sangsues repoussantes est sur les rangs de la candidature à côté d'un légitimiste?

Pourquoi, dirons-nous, M. Louis Blanc, l'auteur de tant de pages sur le socialisme, qui lui ont valu plusieurs siéges dans les assemblées et l'avantage de compter au nombre des membres du gouvernement provisoire, n'a-t-il

dans son *Histoire de la Révolution française,*
que des fleurs à mettre sur la tête des hommes
qui ont ainsi trafiqué de la fortune publique? Ou
M. Louis Blanc pense ce qu'il dit, et c'est un
sot; ou il n'en croit rien, et ce n'est qu'un autre
blagueur.

Un homme qui professe le panthéisme en
religion, l'épicurisme en morale, le despotisme
en politique; qui rêve une banque d'État, la
réglementation des travaux, l'égalité des salaires, la répartition égale des produits; pour
qui la libre concurrence est l'infâme qu'il faut
écraser par la concurrence du grand atelier
social; celui qui place les quatre fins dernières
de la société dans le monopole : dans l'État seul
industriel, seul fabricant, seul marchand, seul
cultivateur; en un mot, l'homme en qui se
résume Thomas Morus, Saint-Simon et Cabet,
est tenu à plus de logique.

Quoi! quelques milliers d'individus, depuis
longtemps dans l'aisance, profitent d'une révolution qui met leurs amis au pouvoir pour
s'emparer de biens dont l'étendue embrasse la
moitié du sol français; et ces individus ne le
font dans une autre intention que de jouir, aux
lieu et place des dépouillés, des douceurs que
procure la fortune, et pas un regret ou un mot

de blâme ne tombera de votre plume pour flétrir ce genre de pirates! Vous oublierez que chaque domaine de ces biens est un atelier social semblable à celui que vous rêvez! où vivent, modestement il est possible, mais du moins paisiblement, sous la tutelle d'un conseil de fabrique, d'un directeur ou du propriétaire noble qui les protége contre la brutalité et les exactions du démocrate rural : l'intendant, le régisseur ou le tenancier, mille paysans! lesquels ont au moins pour raison d'en devenir les propriétaires, la pauvreté; et pour droit, celui que peut créer à des héritiers le travail de vingt générations d'ancêtres! Vous oublierez jusqu'à vos théories sociales, dont l'expérimentation aurait pu être faite, si, au lieu de s'emparer de ces biens pour le compte des parvenus, les législateurs de la bourgeoisie démocratique en avaient attribué la propriété à l'État seul!

Est-ce que la caque sentirait toujours le hareng?

LES NONÉS ET LES JÉSUITES

Les nones et les jésuites se seraient remontés de propriétés, à la possession desquelles deux ou trois cents fils de bourgeois ne seraient point indifférents. Ce ne sont pas là des biens passés en leur possession par la dîme ou des testaments arrachés à des moribonds, comme avant 89. La dîme est morte, et la loi ne reconnaît plus les donations et les testaments en faveur des congrégations. Mais si les ouvriers y apportaient la moindre complaisance, les démocrates qui convoitent ces propriétés ont à leur service plus d'une raison, tout aussi bonne que les deux vieilles de la dîme et des testaments, pour les convaincre qu'il y a nécessité publique à ce qu'elles passent en leurs mains. Tout d'abord, comme les curés, les nones et les jésuites ne sont pas issus de la bourgeoisie démocratique ; ainsi qu'ils le disent, les neuf dixièmes sortent de *la basse classe !* Ensuite, leurs congrégations ne sont que tolérées, n'ont pas d'existence légale ; et les idées religieuses et socialistes qui leur permettent de vivre en communauté à l'abri de l'exploitation bourgeoise, leur paraissent scandaleuses ! Il ne dépend donc que de nous que ces biens changent de maîtres !

J'ai longtemps cherché à me faire une opinion sur le rôle que les jésuites jouent dans le monde depuis 1539. Ce que j'ai trouvé de plus clair, c'est qu'ils ont arraché à la barbarie de l'extrême Orient presque autant de millions d'hommes que la bourgeoisie démocratique a fait de millions d'esclaves en France ; qu'ils ont reconquis au catholicisme sur le protestantisme, dont je ne fais pas partie, plusieurs provinces ; que les hommes qui ont marqué en France au XVIIe et au XVIIIe siècle, y compris Voltaire, y compris les encyclopédistes, sortaient tous des colléges des Jésuites ; enfin, qu'ils ont eu pour adversaires et pour ennemis nombre de princes, une foule de grands, beaucoup d'évêques et jusqu'à un pape, Clément XIV, qui, le 21 juillet 1774, riposta au *sint ut sunt aut non sint*, de Ricci, par une bulle de suppression de la société de Jésus, pour désobéissance au Saint-Siége. Or, comme ouvrier, n'étant pas payé pour être le défenseur des princes, des grands, des évêques et du pape, qui se sont querellés avec eux pour des questions politiques ; ni, comme catholiques, pour prendre la défense des protestants dans la guerre de propagande assez naturelle que les jésuites leur ont faite, je ne descendrai pas contre eux aux criailleries du bourgeois démocrate ; je ne me ferai pas plus ici qu'ailleurs le jouet de sa jalousie, le complice de son ambition, d'autant plus qu'il n'y a au fond de cette balançoire ploutocratique sur les jésuites, autre chose qu'une question de rivalité créée entre eux par l'enseignement de deux doctrines opposées : la doctrine de l'Université, avec sa morale bourgeoise que des professeurs bourgeois enseignent à des fils de bourgeois, afin d'en faire, dès seize ans, les mirliflores que nous voyons à Paris et dans les villes de lycée, aux coins des rues comme autant de brochets à la piste des ablettes, attendre au passage les filles de l'ouvrier, pour, après les avoir perdues, les jeter dans le gouffre des cent mille malheureuses qui traînent sur les trottoirs de la capitale la dégradation qu'elles doivent aux apprentis de la débauche universitaire ; et la doctrine des jésuites, qui a au moins, sur celle de l'Université, le mérite grand de ne pas faire des élèves de son enseignement les *gandins* auxquels la bureaucratie emprunte ses pédants, l'armée ses fruits secs, la médecine ses matérialistes, le barreau ses bavards, la presse ses intrigants, la politique ses corrompus.

LE PROGRÈS MORAL ET MATÉRIEL.

La classe ouvrière ne doit à la politique des idées bourgeoises autre chose que le paupérisme. Néanmoins, au moyen de la rengaine mise en musique et tous les jours chantée par sa presse, que la France lui est redevable du progrès matériel dont elle jouit, la bourgeoisie démocratique est parvenue à donner le change sur son savoir faire au plus grand nombre des ouvriers, qui, aujourd'hui, l'aident par leurs votes à fortifier l'oppression dont ils souffrent. Cette rengaine n'est qu'un échafaudage de mensonges qui tombent au moindre examen. Le progrès matériel est réel; mais, comme il est facile de le démontrer, cè progrès n'est pas le fait d'une idée, soit philosophique soit religieuse; ni d'un système de gouvernement, soit monarchique soit républicain; il est tout entier le résultat des découvertes scientifiques suivantes :

L'imprimerie,

La boussole,

La poudre à mine,

La mécanique,

L'hélice,

La vapeur,

La machine à vapeur,

Le bateau à vapeur,

La locomotive,

Les chemins de fer,

Le télégraphe électrique,

L'aérostat.

Or, voici leur histoire :

L'imprimerie. L'invention en est due à Gut-
tenberg ; l'application en France date de 1640.

La boussole. L'invention est-elle napolitaine
avec Flavio Gioja (xiie), ou vénitienne avec
Marco Polo (xiiie), qui l'aurait rapportée de la
Chine? Klaproth prétend que les Chinois s'en
servaient douze siècles avant J.-C. Dans tous
les cas, le plus ancien témoignage de son usage
en Europe se trouve dans un poëme de Guyot
de Provins (1190).

La poudre. Est-ce aux Chinois, aux Arabes,
aux Indiens, à Roger Bacon, à Albert le Grand
ou au moine Berthold Schwartz que nous en
devons l'invention? La chose la plus certaine,
c'est qu'il en est fait mention en France pour la
première fois dans un titre de 1138.

La mécanique. Les anciens l'ont portée à un
haut degré de perfectionnement. Archimède en
a posé les principes. Aristote et ses prédéces-
seurs en avaient des notions. Mais le parallélo-
gramme des forces, la loi des forces accéléra-
trices et les lois de la communication des mouvements, sont l'œuvre du xvie siècle, de Stévin,
Galilée, Wallis, Wren, Hughens et Newton.

L'hélice. L'hélice est due à Duguet (1693) et à Bouguer (1746); l'application, à Bushnel et Littleton (1777), Duclerc (1803), Sauvage (1827) et Schmith (1836).

La vapeur. L'invention en remonte à l'époque où l'on sut, pour la première fois, que le feu mettait l'eau en ébullition; mais c'est Haron d'Alexandrie qui, le premier, aurait fait la description de l'éolipyle; Léonard de Vinci en connut la puissance; J.-B. Porta, l'élasticité, et imagina un appareil pour l'expérimenter (1608).

Les machines à vapeur. Les Anglais attribuent au marquis de Worcester l'invention de la première machine à vapeur (1663). Denis Papin en inventa le piston et la soupape (1681-1690). Viennent après : Savery (1698), Newcomen et Couley (1715), James Wath (1769), Hornblower (1781), et Wolf (1804), qui en perfectionna toutes les parties. La première idée théorique de l'application appartient à Robinson (1759). Joseph Cugnet construisit un fardier à vapeur (1769); Olivier Evans, une voiture à vapeur (1786), Trewthick et Vivian imaginèrent de faire marcher des machines sur des rails en fer (1804). Les chemins de fer étaient trouvés, mais la solution définitive du problème de la locomotive est due à Georges et Robert Stéphenson, père et fils (15 septembre 1830).

Le bateau à vapeur. Arago démontre que le mérite de l'application de la vapeur à la navigation revient à Denis Papin (1710), qui même fit construire un bateau et l'essaya sur la Fulda à Cassel. Johston Hull et l'abbé Gautier proposèrent de construire un bateau remorqueur à vapeur (1737-1754). L'abbé Arnot fit hommage à l'Académie des sciences d'un modèle de bateau à vapeur remorqueur, qui, expérimenté, marcha très-bien (1781). La même année, le marquis Jouffroy d'Abbans réussit à monter pendant vingt minutes le cours de la Saône, avec un bateau à vapeur. Enfin, en 1803, Fulton offrit au gouvernement français de construire un nombre suffisant de pyroscaphes pour faire franchir la Manche contre vent et marée aux troupes du camp de Boulogne. C'est l'Institut, et non pas Napoléon, qui en repoussa le projet par un rapport défavorable.

Le télégraphe électrique. Le premier document dans lequel le problème de la télégraphie se trouve nettement posé, est une lettre signée Ch. Marshal, publiée en 1753 dans un journal écossais. S'en sont occupés ensuite : Lesage (1774), Galvani et Volta (1781), Lhomond

(1787), de Salva (1796), Ampère (1820). La solution du problème est de 1837. Elle appartient à l'Angleterre, à l'Allemagne et aux Etats-Unis.

L'aérostat. L'invention en appartient aux jésuites Lana (1670) et Gusmao (1709); à Cavendish (1766), Cavallo (1782) et Montgolfier (1783).

Sans ces découvertes, la démolition de la prison bourgeoise de la Bastille, la suppression des corporations ouvrières, le partage que les parvenus se sont fait des biens de mainmorte, la Terreur et les cinq millions d'hommes qui ont fumé les champs de l'Europe de 1791 à 1815, n'auraient pu faire que de Paris je pusse aujourd'hui recevoir une lettre de Marseille en douze heures et une réponse en vingt-quatre ; que je pusse franchir l'Océan en douze jours, et savoir en quelques minutes de Saint-Pétersbourg que l'empereur est parti pour Constantinople. A la suite de chaque année de disette, comme en 1817, nous aurions la famine ; et dans un siècle, il faudrait faire l'ascension du Mont Cenis pour gagner Turin par la Savoie; affronter le mal de mer et les naufrages, pour visiter Londres.

Le progrès matériel est si peu le fait de la politique bourgeoise, que les inventions auxquelles nous le devons tout entier datent d'avant

1790, et que, à notre regret, les quatre cinquièmes sont d'origine étrangère.

Malgré ces inventions, source de ce progrès, dont nous ne devons le bienfait ni à une classe ni à un corps de doctrines particulières, mais aux hommes de génie qui en sont les auteurs, est-il encore certain que la situation matérielle de l'ouvrier soit plus enviable que la situation matérielle de l'ouvrier du dernier siècle? Nous le nions. Oui, aujourd'hui, l'ouvrier peut être mieux nourri, s'il a du travail : l'augmention de la production lui en offre le moyen. Mais en a-t-il toujours? En avait-il à Lyon l'hiver dernier, quand M. Ordinaire, qui forme avec M. Ferrand la paire d'amis de M. Gambetta, déclarait à la tribune que plus de 30,000 ouvriers y mouraient de faim? Et si le bien-être est aussi grand, aussi général que le disent les satisfaits de la démocratie, pourquoi, à Paris, les bureaux de bienfaisance comptent-ils une clientèle de 300,000 familles à secourir, ce qui ne donne point encore le chiffre des pauvres secourus par la France entière? Y a-t-il dans notre histoire une époque où la charité ait eu plus d'infortunes à soulager? Non! et vous savez parfaitement, vous, qui, pour vous affranchir de l'obligation de leur venir en aide, professez que la charité humilie, que c'est à votre presse immonde qu'appartient l'honneur d'outrager tous les jours ceux qui apportent le plus de dévouement à les secourir.

Depuis que le libre échange, par l'augmentation des vivres qui en fut la conséquence, est venu diminuer les ressources de la vie de l'ouvrier de plus d'un tiers, l'ouvrier des villes particulièrement est plus privé que l'ouvrier des temps passés.

La moyenne des salaires de Paris ne représente pas une somme de 1,500 fr. par année. En 1860 cette moyenne dépassait 1,300 fr. La différence entre ces deux sommes correspond-elle à l'augmentation d'un tiers du prix des vivres? Absolument comme un huitième égale un tiers. Aussi nous vous mettons au défi de démontrer que l'ouvrier sans famille le plus économe : qui se couchera le dimanche au lieu d'aller à la promenade, qui travaillera le lundi, qui jamais ne se paiera un concert ni un spectacle, qui sera de marbre devant toutes les séductions de la grande ville; celui, en un mot, qui aura des satisfaits les rares vertus et de leurs défauts pas le moindre, puisse se nourrir suffisamment et économiser 20 fr. par mois ! Mais, encore, tous les ouvriers sont-ils célibataires, et tous gagnent-ils 4 fr. par jour? Les trois quarts des employés des chemins de fer, des compagnies les plus colossales et les plus riches de France, ne reçoivent pas un salaire annuel dépassant 1,200 fr.! et plus de la moitié ont femme et enfants.

Nous avons donc raison de nier l'existence du progrès matériel pour les classes ouvrières.

Maintenant si, à ce point de vue, les ouvriers de 1877 sont moins heureux que les ouvriers du temps de Turgot, sont-ils au moins plus heureux moralement? Nous le nions et plus hautement encore. Nous n'admettons cependant point les théories bourgeoises qui font dépendre la satisfaction de quelqu'un du degré relatif de bien-être dont il jouit. Nous les repoussons même bien loin. Mais il ne suit pourtant pas de là que nous puissions reconnaître la gêne et encore moins la misère, pour des agents de bonheur; que nous puissions conclure en faveur de la situation morale de l'ouvrier de nos jours par l'infériorité de sa situation matérielle. Non. Mais là n'est pas toute la raison de notre infériorité morale. A côté de là cherté des vivres et de la modicité des salaires, qui nous rendent la vie pénible, il faut placer l'insécurité du lendemain, dans laquelle nous tient un patron, qui ne connaît plus d'autre limite à son pouvoir de nous mettre sur le pavé que le besoin qu'il a de notre travail. Il faut placer le malaise et le découragement qui naissent de la promiscuité de tous les genres d'infortunes dans le guetto des faubourgs, où l'embellissement trop rapide des villes et l'agglomération de toutes les grandes industries dans les centres, fruits de l'insouciance et de l'incurie de toutes les politiques modernes, ont forcé l'ouvrier au refuge en le livrant à l'incessant contact des cabarets et des femmes de mauvaise vie, auxquelles les ravages de la corruption et des ans interdisent désormais les trottoirs fréquentés par la légion dorée des libertins bourgeois. — Il faut placer aussi le genre tout spécial de littérature qui lui est distribué pour nourriture intellectuelle : les romans écœurants, les histoires montées en couleur, les chansons grivoises, la caricature décolletée, la presse obscène ; en un mot, tout ce que la bourgeoisie enfante de faux, de grossier et de pervers, lui est offert en pâture ; tombe là au milieu de ses enfants, dont elle aura besoin, des garçons pour remuer des pavés quand ses fils auront l'âge d'être juges de paix, candidats ou sous-préfets ; et des filles, pour passer leur jeunesse. — Il faut enfin placer son isolement de la famille de son patron, à l'atelier et au dehors, à Paris comme en province. Le logement et la table qu'il partageait jadis avec son ancien maître, lui sont aujourd'hui interdits par le boutiquier comme par le manufacturier. Partout l'attendent des mœurs inhospitalières, pour lui montrer la chambre froide du garni, la table sale et la société du cabaret. Partout l'empoix de l'incivilité fait faction contre lui à la porte des établissements publics hantés par le clan du libéralisme. Partout la raideur d'un bureaucrate, l'importance d'un perruquier, la suffisance d'un fermier démocrate, dépassent, pour lui, la hauteur des barons féodaux.

Toutes ces raisons réunies peuvent-elles lui créer un bien-être moral? La paix est-elle possible chez un peuple, quand un partage forcé, des grefs judiciaires et des chambres de commerce y jettent par année 35,000 individus dans les sans-foyer du paupérisme : en 86 ans plus de 3,000,000 d'électeurs? La joie et la satisfaction naissent-elles au milieu de mœurs sauvages?

Et vous voudriez, Messieurs, qu'à ce régime, du matin au soir l'ouvrier chantât et vous baisât la mule; qu'il fût soumis, prévenant et toujours poli? Ces doléances démocratiques n'ont vraiment pas le don de nous émouvoir. L'ouvrier, pour son malheur, vous est encore trop soumis les jours d'élection, les jours où vos charlatans lui montrent à l'horizon d'un boniment sur la Liberté, l'Egalité et la Fraternité, le messie des doctrines qui achèveront son bonheur. Sachez que l'insoumission et le manque d'égards dont vous vous plaignez, ne sont bien, le plus souvent, que la menue monnaie qu'il vous doit pour vos bons procédés.

Si l'ouvrier fait le lundi et ne rêve que cabaret et socialisme, vous n'avez le droit de vous en prendre qu'à vous-même. Ce n'est pas lui qui a inventé, sur le travail du dimanche, la loi qui le place sur le pied de si parfaite égalité avec les hôtes de vos écuries ; la loi que, personnellement, vous n'avez garde d'observer, mais que vous adorez, parce qu'elle vous donne, sous peine de son renvoi, avec le droit de le faire travailler quand vous vous reposez, le moyen de lui mieux faire sentir qu'il vous appartient de corps et d'esprit, qu'il y a entre vous et lui la différence qui sépare l'homme de la brute. Ce n'est pas lui non plus qui a inventé les 365,000 cabarets qui émaillent sur le sol français. C'est vous, et c'est vous qui, de la plupart, en avez fait des sentines. Vous n'auriez pas à regretter les penchants de l'ouvrier pour ces établissements si, au lieu de n'en avoir autorisé l'ouverture que pour qu'ils servissent de débouchés aux liquoristes et de bureaux de recettes aux contributions, vous n'aviez accordé de licences que pour qu'ils fussent des pensions, où l'ouvrier n'aurait trouvé, pour l'heure de ses repas, que le vin, la bière et les autres aliments nécessaires à sa nourriture.

Quant à ses rêves de socialisme, il serait d'abord injuste de les faire peser sur la classe entière. L'ouvrier intelligent n'a bien pour les théories captieuses de M. Louis Blanc que le dédain qu'elles méritent. La vaste féodalité de cinquante mille ateliers industriels et agricoles, qui compteraient autant de barons que de directeurs, autant de pédants que de sous-directeurs, autant de gardes-chiourmes que de caporaux, autant de galériens que de travailleurs, et d'où l'esprit d'initiative et la liberté seraient bannis, ne saurait le séduire.

Et les ouvriers qui prendraient même pour or et argent les sornettes sociales de cet utopiste ne seraient-ils encore coupables que de crédulité. L'honneur de ces sottises n'appartient-il pas à la bourgeoisie? Tous les illuminés, depuis Saint-Simon jusqu'à Louis Blanc, auxquels nous devons, avec quelques rares idées pratiques, la foule d'âneries qui, périodiquement, agitent des milliers de têtes, sont bourgeois. Les auteurs de la commune et tous ceux qui ont joué un premier rôle dans cette insurrection ne peuvent se décharger de leur crime sur la classe ouvrière : bourgeois étaient les auteurs, bourgeois les acteurs ; et tous, dans cette affaire, n'ont risqué la vie de cent mille ouvriers que pour prendre position ou se faire imprimer. En 1871, comme sous la Terreur, comme en 1830 et en 1848, l'ouvrier n'a été qu'un instrument dans les mains de cinq cents gredins, qui lui réservaient pour le cas de succès tous les avantages qu'il a retirés des autres révolutions ; tous les avantages qui lui seront désormais assurés dans les affaires que la démocratie lancera.

M. Tolain a prononcé une bonne parole dans sa vie, c'était avant qu'il fût sénateur, avant qu'il fît voile, avec l'ami d'Ordinaire et de Ferrand, pour les rives de l'opportunisme : « Si les ouvriers sont corrompus, ils ne le doivent qu'à la bourgeoisie. » En effet, il n'est pas une revue, une histoire, un journal, un roman, une pièce de théâtre, un pamphlet qui ne soit son œuvre. Toutes les immondices politiques ou sociales que le XVIIIe et le XIXe siècle ont vu imprimer doivent être placées dans le réceptacle littéraire de sa polissonnerie.

Pas un ouvrier n'a à se reprocher la paternité d'une seule de ces œuvres immorales !

LA LIBERTÉ

La Liberté, le Progrès, la Mainmorte, les Priviléges, l'Egalité et la Fraternité ! Avec ces six blagues, la bourgeoisie démocratique a pu se passer toutes les fantaisies, se payer tous les crimes ; sous ces six blagues ont succombé le noble et l'ouvrier : le noble qu'elle jalouse et dont elle convoite la fortune ; l'ouvrier qu'elle méprise et dont elle redoute l'émancipation.

La liberté ! mais qui n'en voudrait pas ? qui même n'en mangerait pas ? de la liberté bourgeoise, surtout, de la liberté pour soi ? Est-il sur la terre un idiot qui ne se ferait pas tuer pour elle ?

La liberté ! la liberté de quoi ? de faire le bien ou de faire le mal ? car elle se réduit à ces deux termes ? Y a-t-il une conscience humaine qui comprenne pour l'homme la liberté de faire le mal ? Y en a-t-il une qui comprenne pour lui l'empêchement de faire le bien ? Vous ne l'avez donc pas inventée ! Blagueurs !

Et puis, avant de vous poser en champions de

la liberté, vous devriez au moins commencer
par établir une ligne de démarcation bien tran-
chée entre le bien et le mal, afin que les igno-
rants puissent une bonne fois distinguer l'un de
l'autre. Et quand ce travail d'Hercule serait
achevé, travail qui ne vous coûterait ni moins
de temps ni moins de peines qu'il n'en a coûté
aux savants, aux philosophes, aux moralistes
et aux théologiens qui ont vécu depuis le Sinaï,
si vous découvriez que les *sept commande-
ments* de la bourgeoisie démocratique : l'orgueil, l'avarice, l'envie, la luxure, la gour-
mandise, la colère et la paresse, ne sont pas
chez l'homme les causes innées qui le portent
au mal; que le Décalogue, dont Proudhon a
dit : « Tous les actes de bien sont sanctionnés
par le Décalogue, » n'est pas à lui seul toute la
ligne de démarcation ; que ce que défend le
Décalogue est le bien, que ce qu'il commande
est le mal, nous saurions alors ce que dans votre
bouche veut dire le mot *liberté !*

M. Emile de Girardin, qui a plus remué de
mots qu'il n'a remué d'idées, l'a ainsi définie :
« La liberté consiste à faire tout ce qui ne nuit
pas à autrui ! » Cette définition est d'autant
moins neuve, mais d'autant plus vraie, qu'elle
n'est que la parodie de cette parole du Christ :

« Ne fais pas à autrui ce que tu ne voudrais pas qu'on te fît à toi-même. »

Eh bien, pas plus que M. de Girardin n'a inventé la lune, par sa définition, vous n'inventerez, vous, le moyen de déplacer la ligne qui sépare le bien du mal.

La liberté, blagueurs ! est-elle possible aux déshérités de la fortune ? L'ouvrier a-t-il la liberté de se payer des deuxièmes et des premières classes ; de partir tous les samedis pour Étretat ou Saint-Valery ? d'épouser la fille instruite et dotée et de se donner un fauteuil au spectacle ? a-t-il la liberté de sortir et de rentrer en fiacre, d'avoir des domestiques, de voyager, de faire la saison des eaux, d'aller au cercle, à la chasse, de faire recevoir ses fils bacheliers, licenciés ou docteurs ? etc.

Or, s'il n'a pas cette liberté, quelles sont les libertés qu'il a de plus qu'en 1776 ? Au temps où il était reçu dans la famille de son patron, et où la valetaille (style démocratique) gouvernait dans la maison de ses maîtres ? au temps où il n'était soldat que par son bon plaisir ? au temps des engagements permanents, au temps où l'entrepreneur n'existait pas ? au temps de la journée, où vous l'appeliez maîtres, et que, par les droits qu'il tirait de sa constitution, il vous obligeait à compter avec lui?

Alors le baptisait-on dans une écurie, l'enterrait-on dans un fossé? au lieu d'un chien pour cortége à son convoi, n'avait-il qu'un cochon?

Il ne votait pas, dites-vous! C'est vrai; mais, sous vos auspices, il a voté de 1790 à 1815, et de 1848 à ce jour. Quel profit en a-t-il retiré? Tout le profit qu'un paralytique retire de la liberté de courir les champs, n'est-ce pas?

La justice n'était pas égale pour tous! Ceci n'est pas démontré et vous ne le démontrez même pas. Le ministre ou le garde des sceaux nous offre-t-il aujourd'hui plus de garantie que l'intendant général de la justice sous Louis XVI?

L'article démocratique 73 de la constitution de l'an VIII, aboli en 1870, qui soumettait à l'autorisation du Conseil d'Etat toute poursuite en justice contre un fonctionnaire pour un acte commis dans l'exercice de ses fonctions, et l'irresponsabilité dont le code civil couvre la bureaucratie de l'administration, la bureaucratie et les représentants de toutes les grandes compagnies, de toutes les grandes industries, sont-ils des témoignages en faveur de la justice de 1877? L'ouvrier et tous les Français qui n'ont pas de puissantes protections ou six mille francs d'argent mignon à jeter dans un procès, sont-ils mieux placés en face des privilégiés du code civil que ne l'étaient les membres du tiers en face des membres des deux premiers ordres? Quelle différence faites-vous entre nos Cours de cassation et d'appel et la Haute Justice d'avant 89? entre nos tribunaux de première instance et de paix, et la Basse Justice?

Y a-t-il aujourd'hui deux millions de Français qui puissent se payer le luxe d'une cause en cassation? quatre millions, le luxe d'une cause en appel? Le reste, ou le fretin, n'est-il pas obligé de se contenter des autres tribunaux, d'en passer par la Basse Justice?

La justice serait-elle plus égale pour l'ouvrier parce que la bourgeoisie compterait dans les tribunaux plus de juges sortis de son sein qu'elle n'en comptait antrefois? Aurait-il gagné à cela, non pas de pouvoir se payer un avocat, *le fruit défendu à la veuve et à l'orphelin,* mais la liberté de se faire dire carrément son fait par le ministère public?

Et si, pour être un fonctionnaire quelconque, ou sous-lieutenant dans l'armée, pour avoir un emploi au-dessus de garde-champêtre, il faut le brevet de licencié ou de bachelier, ce petit parchemin inventé par la perfidie bourgeoise, avec lequel elle trouve moyen de fermer la porte de toutes les fonctions salariées par le budget à quiconque n'est pas sorti avec du lycée ou de Saint-Cyr à vingt et un ans, dites-nous ce que vous entendez par égalité civile? Par là, tous les priviléges de la noblesse ne sont-ils pas passés en vos mains?

Vous n'êtes que des blagueurs!

La liberté n'a été, n'est et ne sera jamais pour l'homme qu'en raison de sa fortune, de son talent et de sa santé; l'égalité n'a été, n'est et ne sera jamais qu'en raison de sa liberté; et la fraternité, dont on rougit de voir encore prostituer le nom sur les monuments publics, après cent ans de désordre social et d'exploitation démocratique, n'a été, n'est et ne sera jamais, au sens politique, qu'une imposture bourgeoise!

L'INSTRUCTION LAIQUE, GRATUITE ET OBLIGATOIRE

Par opposition à l'instruction congréganiste, l'instruction laïque a trois sortes de partisans :

1° Ceux qui y voient un moyen de réclame électorale à s'en faire les adeptes. Ils sont nombreux : des centaines de mille, en comptant les aspirants au conseil municipal.

2° Les protestants et les juifs, qui en font une affaire de propagande pour leur culte;

3° Les sectaires ou les rienistes, qui agissent sous l'influence de la franc-maçonnerie.

L'intérêt public n'entre pour rien ici. Il n'en faut pour preuve que l'exemple d'une commune importante de la Bourgogne, qui a l'instruction laïque pour les garçons et l'instruction congréganiste pour les filles.

Au vu et su de tous les habitants, les filles y sont plus instruites que les garçons et leur tenue est relativement meilleure. Les partisans de la laïcité en conviennent eux-mêmes.

L'instituteur y a deux sous-maîtres. C'est un excellent homme, intelligent et instruit, qui apporte tous ses soins à faire de bons élèves. Malgré tout, il ne peut arriver à tous les résultats qu'obtiennent les sœurs, qui sont plus nombreuses autour de leurs filles.

Les sœurs y sont propriétaires et ne reçoivent par année que deux cents francs pour instruire gratuitement les filles des pauvres. L'instituteur et ses sous-maîtres coûtent beaucoup plus à la commune, et, comme partout, l'entretien de la maison d'école y est encore à ajouter en plus.

Pour remplacer les sœurs par des laïques, le conseil municipal devrait faire une dépense première d'au moins 20,000 fr. et se condamner à une dépense annuelle supérieure à 1,000 fr.; et rien ne fait supposer que l'entretien des filles ne perdrait pas au lieu de gagner au change.

Néanmoins, comme la commune possède un fils d'avenir à grandes visées, un fils *comme il faut*, et un rentier protestant, qui *pourrait* être maire, la laïcité y a été chauffée à blanc et lancée à toute vapeur. Elle n'a pas abouti, mais le fils à grandes visées n'a pas moins gagné à cela le sabre et une casquette galonnée de l'administration. Après la démission ou la révocation du vieux magistrat bienfaiteur, le rentier protestant en retirera assurément l'écharpe de *M. Fontaine.*

L'histoire de cette affaire est l'histoire de la laïcité dans toutes les communes de France. Partout la laïcité abrite le galon ou l'écharpe de quelques hommes à caser.

L'instruction gratuite n'est qu'une autre fourberie bourgeoise, une nouvelle duplicité. Aujourd'hui les conseils municipaux sont autorisés à exonérer de la rétribution scolaire tous ceux qui ne peuvent pas la payer, et à la faire supporter par les parents des enfants qui en ont le moyen. Le riche paie pour le pauvre : c'est chrétien, c'est fraternel, c'est la raison même.

La gratuité fait disparaître la rétribution scolaire. En échange, l'instituteur reçoit un traitement fixe, qui, au lieu d'être payé par les parents aisés des élèves, tombe à la charge du budget municipal, c'est-à-dire à la charge de tout le monde; et comme, d'une façon ou d'une autre, les pauvres paient une cote-part de ce budget, toute l'économie du système repose donc sur cette combinaison : prendre dans la bourse plate pour mettre dans le porte-monnaie garni. Ce n'est pas moral, mais c'est habile et c'est démocratique!

La gratuité! Il n'y a que l'égalité devant la justice qui puisse mieux sonner à l'oreille, et en voici un échantillon : c'est de payer 11·2 % de droits pour le partage des successions au-dessous de 500 francs; 35 % pour les successions de 500 à 10,000 fr.; et 10 % pour les successions *au-dessus* de 10,000 fr! O Fifine! embrasse donc ta mère!..... gueuse!

L'instruction obligatoire, avec la liberté et la

facilité pour les parents de confier leurs enfants à des laïques ou à des congréganistes, a des partisans nombreux dans la classe même des gens de bon sens.

C'est, disent-ils, un attentat à l'autorité paternelle, il est vrai, un attentat très-grave; mais si, par là, on arrivait à fortifier le pauvre et l'ouvrier contre l'inconduite et la misère, et à arracher ainsi à la correctionnelle et à la cour d'assise une partie des malheureux que l'ignorance peut y conduire, le législateur ne devrait pas reculer devant une loi qui la rendrait obligatoire. Oui, quelque jaloux qu'on puisse être de son autorité paternelle, si cette loi devait conduire à ce résultat, nul ne devrait y faire opposition; mais il y a un si! et les enseignements de notre siècle ne sont point faits pour en lever l'incertitude. Ils nous apprennent au contraire que la progression de la misère ouvrière, et la progression des délits et des crimes, semblent même avoir marché de pair avec le développement de l'instruction.

Ils nous apprennent qu'en 1827 la France comptait *de moins* qu'en 1877 : plus de 10,000 écoles primaires, plus de 1,750,000 paupéristes, ou ouvriers sans foyer, et plus de 96,000 clients annuels de la correctionnelle et de la cour d'assise. Ils nous montrent que la presse, le théâtre, la bourse, la bureaucratie et la politique, qui ne comptent que des gens instruits, fournissent un contingent de dépravés que la classe ouvrière tout entière, avec sa population de dix contre un, ne fournit pas. Or, peut-on conclure de ces deux chefs que l'instruction obligatoire remédierait à tous ces maux? Non!

Faisons-nous donc les défenseurs de l'autorité paternelle. Il est de trop déjà qu'à vingt et un ans ses fils lui soient ravis; il est de trop aussi que le chef de maison n'ait plus le pouvoir par testament de soustraire à la rapacité des hommes d'affaires démocrates le champ et la maison qui lui ont coûté les économies de sa vie. Demandons plutôt à tous ceux qui ont, avec le souci des vrais intérêts du pauvre, les moyens de lui venir en aide, que par leurs conseils, et au besoin par leur bourse, ils pèsent sur la volonté des parents qui seraient assez dépourvus de cœur et d'intelligence pour négliger l'instruction de leurs enfants; afin que, désormais, pas un de ces enfants n'ignore le chemin de l'école, et que pas un ne puisse plus la quitter avant l'âge de douze ans.

N'allons pas de nouveau nous faire ici les

complices des novateurs intéressés à tous les désordres, au désordre de la famille tout particulièrement.

J'ai vu d'assez près à l'étranger : en Suisse, en Allemagne, en Hollande et en Belgique, l'instruction facultative et l'instruction obligatoire, et nulle part j'ai rencontré la classe ouvrière plus éprise d'un système que de l'autre. Et l'application générale de l'instruction obligatoire serait, chez nous comme partout, pendant six mois de l'année impossible à appliquer dans tous les pays de montagnes, lorsque les cultivateurs sont à deux ou trois lieues de l'école dans les pâturages ou livrés aux travaux des champs. Une loi pénale qui forcerait les enfants à la présence aux classes pendant ces six mois, forcerait en même temps toutes les communes à en faire autant d'internes à la charge du budget municipal.

Après cet examen des onze principaux moyens dont la bourgeoisie démocratique a usé pour établir et maintenir sa domination sur les classes supérieures et sur nous, il me reste à dire quelques mots de son gouvernement occulte, de la société qui a inspiré et dirigé tous ses actes. J'ai nommé la franc-maçonnerie.

La franc-maçonnerie est une société secrète bourgeoise. Elle est répandue comme un polype sur toute l'Europe, mais particulièrement en France, en Angleterre, en Allemagne et en Italie. Ses membres se qualifient de *frères*, parce qu'ils doivent s'assister mutuellement. Son but avoué est l'exercice de la bienfaisance, l'étude et la pratique de la morale. Son but caché est l'exercice de l'égoisme, l'étude et la pratique de la démoralisation. Elle enveloppe à dessein son origine. Les uns la voient naître des mystérieuses initiations de l'Egypte ; d'autres la font remonter à Hiram, l'architecte du temple de Salomon ; et quelques écrivains la font sortir des Templiers ou des Francs-Juges. Mais la seule opinion plausible est celle qui la fait dériver des confréries de maçons qui se formèrent au moyen âge, auxquelles elle a emprunté le mot de *loge*, la *truelle*, le *compas* et le *tablier de peau* dont elle fait ses emblèmes.

L'ordre maçonnique fut introduit en France en 1725, par lord Derwent Waters, l'un des gentilshommes les plus dévoués du parti des Stuarts. Depuis cette époque, la franc-maçonnerie a pénétré partout, et les mystères dont elle entoure ses réunions, les pratiques burlesques auxquelles elle se livre, le langage secret dont elle fait usage et le rôle politique anti-social qu'elle joue à l'instigation des meneurs : en leur temps Barras, Louis-Philippe, Louis-Napoléon, etc., lui auraient depuis longtemps attiré les rigueurs de la loi, si, par elle, comme les favoris par les boudoirs, sous la Régence, les bourgeois démocrates n'arrivaient à tout ; si l'administration et les corps électifs n'étaient pas peuplés de tous ses masqués.

On distingue plusieurs rites particuliers dans l'ordre maçonnique, dont les principaux sont le rit ancien ou écossais, le rit moderne ou français, et le rit égyptien ou rit de Misraïm.

Dans chaque nation, les francs-maçons forment un certain nombre de *loges* qui obéissent toutes à la loge centrale, à la tête de laquelle se trouve un conseil suprême. En France, ce conseil s'intitule *Grand Orient* et son président reçoit le titre de Grand-Maître. Chaque loge a un président qualifié de *Vénérable*, et se réunit dans un lieu spécial décoré d'ornements symboliques, lequel est appelé Temple. La loge est accessible à toutes les conditions sociales ; mais nul ne peut y prétendre à moins de présenter toutes les garanties de santé et les moyens d'existence qui doivent mettre à l'abri de tout besoin de secours. Pour en faire partie, il faut passer par des épreuves nommées *voyages*; le candidat jure ensuite de garder *inviolablement* les secrets qui lui seront confiés; après quoi, il est admis à la *lumière,* c'est-à-dire au premier grade maçonnique. On compte jusqu'à trente-deux grades, dont les plus élevés sont ceux de *Rose-Croix* et de chevalier *Kadosh;* mais la plupart des initiés n'acquièrent que les trois premiers, ceux d'*apprenti,* de *compagnon* et de *maître,* ce qui constitue la franc-maçonnerie *symbolique.* Les francs - maçons se reconnaissent entre eux, au milieu des *profanes,* à l'aide de signes et d'attouchements qui varient pour chaque grade, et auxquels se joignent certains termes consacrés. La franc-maçonnerie symbolique se compose plus particulièrement de courtiers, de commis voyageurs, de bureaucrates et de boutiquiers. Cette franc-maçonnerie est dans la main des Rose-Croix et des Kadosh le perroquet qui chante : vive ou à bas Louis-Philippe, vive ou à bas l'Empire, vive ou à bas la République. C'est la cloche qui sonne pour la paix universelle et la guerre à outrance, la fraternité des peuples et l'armement général, la liberté et le despotisme; le tout du soir au matin, et pour le succès électoral du premier venu. La franc-maçonnerie des pompons ne se montre et donne personnellement que dans les grandes circonstances : lorsque l'un des siens est candidat quelque part, ou que la symbolique est également partagée dans les deux camps d'une guerre civile que les pompons ont allumée eux-mêmes.

La franc-maçonnerie a créé et mis au monde l'esprit bourgeois. Aug. Comte est son dieu, Littré son prophète. La mathématique, l'astronomie, la physique, la chimie, la biologie et la sociologie résument toute sa philosophie, dont le dernier mot est l'empirisme. Il n'y a plus de causes premières ni de causes finales. La science et l'esprit humain sont mutilés. La suppression des conceptions de la raison entraînant la suppression de la raison elle-même, l'existence de la faculté qui porte ce nom n'est plus un fait. L'usage que certains philosophes ont fait des conceptions *à priori* condamne scientifiquement la raison ! La tendance aux recherches métaphysiques et religieuses, qui se révèle chez tous les hommes, est une infirmité d'esprit, l'état d'un cerveau mal organisé. L'humanité ne veut plus savoir d'où elle vient, où elle est, où elle va. L'infini, l'absolu, l'universel, Dieu, l'âme, l'esprit ne sont plus que des mots, des mots vides de sens. Il n'y a plus en nous une faculté qui corresponde à cet ordre de problèmes. Dans tous les cas, si elle y était, il faut que la racine en soit anéantie pour que l'humanité cesse de s'en occuper. Le singe est l'ancêtre de l'homme ; la nébuleuse, l'ancêtre du monde ! Vivez bien, vous crèverez gras !

Suivant la franc-maçonnerie, il n'y a pas de mauvais penchants originels, l'homme naît naturellement bon. Vous croyez peut-être, ami lecteur, que l'homme apporte en naissant le germe des qualités et des défauts que vous lui connaissez? comme il apporte le germe de sa taille, de sa force, de son sexe, de sa couleur, de sa laideur ou de sa beauté? Vous vous trompez ; on voit bien que vous n'êtes pas franc-maçon !

La violence ou l'apathie de caractère, la sensibilité ou l'insensibilité en toutes choses, la patience ou l'impatience, l'orgueil ou la simplicité, l'esprit d'avarice ou de prodigalité, le courage ou la poltronnerie, la passion ou la haine des chats, etc., etc., qui distinguent les uns des autres les sept enfants d'une même famille, n'étaient point en eux au berceau. Si le père et la mère de ces enfants n'avaient pas exposé l'un d'eux aux brouillards, l'autre à la pluie, celui-ci au soleil, celui-là à la lune, un autre au froid et un autre à la chaleur, ils auraient tous le même caractère, les mêmes penchants et la même intelligence!

Voilà pourtant ce qu'on enseigne dans cette boutique de Weishaupt, le cas qu'on y fait de l'intelligence des symboliques. Et dire que le plus grand nombre croit à ces sottises!

La franc-maçonnerie a ses *rituels* ou *tuileurs* propres aux différents grades. Croyez-vous en Dieu? demande le venérable F.∴ au récipiendaire. Si oui, le vénérable réplique : Cette réponse vous fait honneur. Si non, le vénérable dit : L'athéisme est incompréhensible, mais un matérialiste n'est pas un athée!

La légende apocryphe et ridicule qui sert de base à tous les rites maçonniques, et sur laquelle des individus qui se croient graves discourent et exécutent, avec le tablier de peau à la ceinture et des bijoux au cou, est celle-ci :

Un vaste temple à construire; des apprentis, des compagnons et des maîtres qui y travaillent; Hiram, le chef des travaux, assassiné par trois compagnons pour lui arracher le mot de passe ou la parole du maître; le corps de ce maître enfermé dans la terre, qu'il faut retrouver ; sa mort à venger et la construction de ce temple reprise à achever.

Au grade d'apprenti, le maçon représente *l'homme de la nature;* il est dépouillé de ses vêtemeuts et de ses métaux : argent, monnaie, *pour lui apprendre que le vrai maçon ne doit rien posséder en propre, et que le luxe, celui même des vêtements, enfante tous les vices.* On lui donne cependant un tablier, une feuille de spartacus, parce que la civilisation ne permet pas l'entière nudité.

Après quoi, il fait le serment dont voici la formule :

Je jure et je promets de ma propre volonté, devant le grand Architecte de l'univers et sur mon honneur, de garder un inviolable silence sur tous les secrets de la franc-maçonnerie qui *pourraient* m'être communiqués, comme sur tout ce que je pourrais voir faire et en- tendre dire dans elle, sous peine d'avoir *la gorge coupée, la langue arrachée, mon corps mis en pièces, brûlé, et ses cendres dispersées au vent, et que mon nom soit voué à une mémoire exécrée et à une éternelle infamie.* Je promets et je jure de donner assistance à tous les frères maçons et de ne jamais appartenir à quelque société, sous quelque nom, titre ou forme qu'elle soit, opposée à la franc-maçonnerie, me soumettant moi-même, si je violais ma parole, *à toutes les peines établies par le parjure.* Enfin, je jure obéissance et soumission aux statuts généraux de l'œuvre, aux règlements particuliers de cette loge et au suprême Grand-Orient.

Au grade de compagnon, on fait connaître au maçon et on lui remet les outils nécessaires au travail qu'il va entreprendre, *sous la conduite du maître.* Le maillet et le ciseau aident à renverser les difficultés, l'équerre et la règle représentent l'*égalité établie entre tous les hommes;* et la loge est l'image du monde, l'étoile flamboyante, insigne du vénérable, lequel est lui-même la personnification du grand prêtre de Jéhovah; l'image de cet Orus, fils d'Isis, cette matière première, source intarissable de vie, étincelle de feu incréé, semence universelle des êtres, feu inné des corps, feu de la nature, auteur de la lumière, cause efficace de toute génération : le dieu Bel des Chaldéens, l'Oromase des Persans, le Lui-même !

Au milieu de l'étoile, paraît la lettre G, qui par sa forme semble, dit-on, être l'emblème de l'union de la matière et de l'esprit.

Pendant qu'apprentis et compagnons élèvent

le temple à Isis, sous la conduite des maîtres et par l'obéissance absolue à leurs ordres, trois autres compagnons assassinent Hiram, pour lui arracher le mot de passe !

Dans les grades templiers, ces assassins s'appellent Philippe le Bel, Clément V et Noffodei.

Les enjambements du maçon montrent qu'il sait tout franchir, et que pour lui la mort même n'est pas un obstacle.

Le maçon arrive ainsi à la connaissance d'Isis, qui prend conscience dans l'homme et se présente au maître sous la forme du delta grec, du triangle consacré : les trois règnes de la nature.

Au milieu est l'Iod hébraïque, esprit animateur ou le feu. Le premier côté offert à l'étude de l'apprenti est le règne minéral, symbolisé par *Tubalcain*, le mot de passe.

Le deuxième, confié au compaguon, est le règne végétal, symbolisé par *Schebboleth*, épi.

Le troisième, réservé au maître, est le règne animal, symbolisé par *Mac-Bénac, la chair quitte les os.* Ainsi complété, le Dieu maçonnique se nomme Pan, Isis, Nature !

Tout cela est d'un bête achevé ; les peuples les plus dégradés du globe n'ont pas de culte où la dignité humaine soit plus ravalée, de cérémonies empreintes de plus de grotesque ; mais l'obcénité franc-maçonnique ne s'accuse bien réellement que dans les grades plus élevés, dits philosohiques, et particulièrement dans ceux de *Chevalier d'Orient*, de *Rose-Croix* et de *Chevalier Kadosh*.

Dans le grade de Chevalier d'Orient, il ne s'agit encore que des Bourbons. On voit figurer sur la décoration les trois lettres L P D, qui signifient : *Lilia pedibus destruc*, foulez les lis aux pieds.

Le grade de Rose-Croix est une parodie de la mort du Christ, et l'on affecte de le conférer le vendredi saint, le jour où Plomplon, l'un des grands initiés du jour, affecte, lui aussi, de manger du saucisson. La croix qui figure ici n'est plus qu'un ignoble *phallus*.

Le grade de chevalier Kadosh nous jette en plein dans la guerre et le meurtre. Il est politique et placé au sommet de l'échelle (le 30ᵉ); les autres ne sont qu'administratifs. Il ne s'agit plus ici de venger la mort d'Hiram, mais bien celle du grand maître des Templiers, de Jacques Molay. Non pas la mort du grand maître de l'ordre fondé à Jérusalem en 1118, dans le but de secourir et de protéger les pèlerins sur les routes de la Palestine et de défendre le Saint-Sépulcre; mais la mort de Jacques Molay, le grand maître de l'ordre des Templiers du xive siècle ! L'ordre qui ne possédait que 9000 seigneuries, et qui a été dans l'infamie jusqu'à traiter avec les ennemis de sa patrie et de son culte pour sauver ses possessions d'Orient ; celui qui était tombé dans toutes les débauches où l'oisiveté et une opulence inouïe peuvent conduire des soldats grossiers : l'ordre des Templiers ! pour tout dire. Aussi voit-on apparaître, pour la réception, la grande mise en scène qui doit frapper l'esprit de l'initié et lui faire comprendre qu'il touche aux plus hauts mystères : le serpent à trois têtes ! C'est pas drôle, le récipiendaire va prêter un autre serment, et, comme gage de ses engagements sérieux, abattre avec le poignard les trois têtes du serpent ! il va être Kadosh.

Il va pouvoir écrire dans les constitutions maçonniques « que le premier caractérisque de l'ordre est le secret, » et dans ses circulaires aux symboliques, comme en 1794, le Kadosh allemand :

« Mes *maîtres* devaient vous dire, comme » nos pères nous l'avaient appris, que les » secrets de l'association *ne peuvent être con-* » *nus que par quelques maîtres*, car que de- » viendraient des secrets qui seraient connus

» d'un très-grand nombre ! » Ou ceci, qui est encore plus caractérisque que le secret (1) :

« Soyez bien persuadés que *tout crime* com-
» mis pour le bien général devient par cela
» seul *un acte de vertu et de courage*, qui doit
» tôt ou tard nous en garantir le plein succès. »

Ainsi dirigé, l'esprit de **la** bourgeoisie ne pouvait aboutir qu'à la recherche des plaisirs sensuels et au mépris de toute pratique morale.

Le positivisme conduit fatalement à ce but. Le luxe et la mollesse n'ont jamais fait des cœurs. Les sentiments qui distinguent l'homme de la brute ne s'épurent pas au creuset de la matière : le dévouement, le sacrifice, l'amour du prochain ne germent pas dans le culte d'un pâté !

La classe ouvrière a-t-elle un intérêt quelconque à une forme particulière de gouvernement ? Pas le moindre, aucun ! En dehors des gens qui vivent de cette forme, personne n'a une raison pour préférer la république à la monarchie ou la monarchie à la république, qui ne sont, l'une et l'autre, que deux mots. Supprimez dans chacun des quatre partis politiques qui nous divisent, les cinquante mille individus

____

(1) *Révélations d'un haut maçon*, par M. de Maller, 1835.

qui sont tout par une forme et rien par une autre; et la légitimité, l'orléanisme, l'empire et la république tombent au rang de mythes, pour les gens qui n'en n'attendent ni honneurs ni gros traitements.

Un gouvernement n'est bon ou mauvais que par ses institutions. Son intitulé a tout juste la valeur du mot *chartreuse* imprimé sur le carré de papier collé au vase du liquoriste : c'est de la chartreuse ou du trois six; c'est ce que le débitant a mis dans la bouteille.

Le passé nous montre Sparte, Athènes, Venise et Rome aussi inhumaines que les monarchies du temps; et, aujourd'hui, la France, la Suisse, l'Union et les républiques qui s'entr'égorgent annuellement au sud de l'Amérique, n'offrent pas aux ouvriers la paix et le bien-être que le système légitimiste leur assure sous les monarchies d'Angleterre, de Belgique, d'Allemagne et de Russie.

Il n'est besoin pour s'en convaincre que de franchir la frontière ou de lire les ouvrages des hommes sérieux qui se livrent à l'étude des questions ouvrières. M. Le Play est aujourd'hui le plus éniment de ces hommes de bien, et, dans sa *Réforme Sociale* et *Les Ouvriers des deux mondes*, les deux tableaux qu'il fait de la condition des ouvriers, sous ces deux régimes, nous montrent la monarchie plus soucieuse que la république des intérêts de la classe ouvrière et nous donnent des causes les plus savantes raisons. Nous n'aurions donc qu'à nous désintéresser des querelles entre les partis qui se disputent le pouvoir, si nos amis et nos adversaires étaient également partagés dans chacun de ces partis. Mais il n'en est pas ainsi, nos amis sont d'un côté et nos adversaires de l'autre. Nos amis sont plus particulièrement légitimistes, nos adversaires plus particulièrement impérialistes ou républicains. Nos amis ou nos alliés naturels sont ceux qui n'ont aucun intérêt industriel ou commercial à débattre avec nous. Nos ennemis sont les hommes politiques de la classe moyenne, les hommes du capital industriel, les hommes des idées bourgeoises. Qui ne voit cela et ne le comprend pas, ignore le premier mot de l'histoire; il ne connaît de l'homme que la taille, de la politique que les sottises, des questions ouvrières que les rêveurs : c'est un aveugle. Depuis Sparte, où le pouvoir était aux mains de deux ou trois mille commerçants ou tenanciers, qui exploitaient, à l'envi les uns des autres, les propriétaires du sol et les soixante mille esclaves occupés à tous les travaux manuels des besoins de cette petite république, jusqu'en 1877, tous les peuples offrent le même exemple : l'ouvrier est serf ou esclave chaque fois qu'il n'a pas avec lui l'homme des classes supérieures pour le protéger contre l'homme du trafic ; chaque fois que la classe intermédiaire a dominé au pouvoir. Il n'y a pas d'exemple qui y fasse exception. Il n'y en a pas !

C'est donc une fausse idée de vouloir détruire les tendances naturelles qui poussent tous les hommes à la domination, en mettant aux mains du patronat le pouvoir absolu d'abuser du faible pour prendre la place du fort. A ce jeu, nous serons toujours dupés. Le fort supplanté ne viendra pas nous remplacer dans notre condition, et comme dans mille ans le monde comptera assurément autant d'ouvriers qu'il en compte aujourd'hui, la classe ouvrière a-t-elle un intérêt quelconque à faire la courte échelle au bourgeois démocrate ? L'homme de la classe supérieure ne tombera jamais que dans la classe moyenne, et pour s'y livrer au même exercice que s'y livrait celui qu'il viendra y remplacer. Toutes les vieilles particules que nous voyons traîner aujourd'hui dans les attardés de l'orléanisme, dans la république et le bonapartisme ne s'y trouvent pas pour d'autres raisons.

Les hommes qui ont fait défection à la légitimité, n'eurent pour motif que le besoin de remonter en selle.

Et comme l'ouvrier n'est la faiblesse qu'à côté de celui qui le domine immédiatement, à côté, par exemple, de l'entrepreneur qui utilise ses services pour pouvoir s'installer dans le château même qu'un riche lui fait construire ; qu'il n'est pas la faiblesse à côté de ce riche, lequel n'a de son commerce la moindre nécessité, puisqu'il n'est ni patron, ni homme d'affaires, ni même aspirant à le devenir, la raison veut que l'ouvrier cherche à compenser sa faiblesse par une alliance avec celui dont l'entrepreneur convoite la position.

En toute circonstance, la faiblesse n'est faiblesse que par rapport à la force qui lui est opposée. Et comme la force de la classe moyenne envers la classe ouvrière n'existe que par le concours politique que nous lui prêtons pour annuler l'influence de la classe supérieure, il faut toutes les ténèbres que la bourgeoisie démocratique a faites dans la « vile multitude » de M. Thiers pour que les ouvriers puissent rechercher leurs protecteurs dans la force qui les opprime, au lieu de les rechercher dans la force qui combat contre leurs oppresseurs.

Cabet a dit, il est vrai, que si les peuples faisaient de la vaisselle avec la monnaie métallique, la guerre disparaîtrait de la surface de la terre; mais Cabet était un utopiste. Un utopiste plus sincère peut-être que M. Louis Blanc, qui, comme lui, probablement, n'expérimentera jamais ses théories aux dépens de sa fortune; mais, enfin, c'était un utopiste! et cette idée seule de la conversion de la monnaie en vaisselle suffirait pour le démontrer, attendu que, si la passion de posséder entre pour une part dans les différends qui s'élèvent entre les nations, l'ambition et l'orgueil n'y sont, non plus, jamais étrangers. Cette conversion ne ferait pas tomber des mains de l'enfant le hochet qui a allumé la discorde entre lui et son frère jumeau : le besoin de posséder ; elle ne guérirait pas un Gambetta quelconque de l'envie de faire un discours, du besoin de parader ; et un Napoléon ne deviendrait pas pour cela un Vincent de Paul, elle ne déracinerait pas en lui le désir d'avoir dans l'histoire universelle le plus de lignes possibles : la passion de l'orgueil. Mais si encore quelques ouvriers croyaient à cette chimère, Cabet n'a, dans tous les cas, jamais dit que ceux qui sont condamnés au plat de terre et à la cuillère d'étain devaient, pour anéantir la guerre, se faire les alliés des hommes qui ne la demandent que pour garnir leurs tables et leurs coffres avec la vaisselle et l'argent d'autrui.

Imitons donc la sagesse des hommes d'État dignes de ce nom, qui ne recherchent pour alliés à leur pays que les gouvernements ayant les mêmes intérêts qu'eux à combattre le voisin qui abuse de sa puissance. Dès lors que l'empire et la république sont le refuge de tous nos adversaires, recherchons l'alliance de la légitimité, en ne mettant à cette alliance d'autres conditions que les suivantes :

La représentation spéciale des intérêts par le suffrage universel dans tous les corps électifs;

Et la création à Paris d'un grand organe politique de la classe ouvrière.

Le reste nous viendra par surcroît.

Cette représentation rencontrera plusieurs sortes d'adversaires :

Les premiers qui nous opposeront deux raisons : notre incapacité à pouvoir bien défendre nos intérêts dans les assemblées, et les dangers, pour l'ordre social, que présenterait cette représentation de quatre millions d'hommes, portés au socialisme par le décevant espoir d'y trouver une amélioration à leur sort. Ceux-là ne sont point nos ennemis; ce sont tout simplement des gens qui ne nous connaissent pas. Nous leur dirons donc que, si la classe ouvrière ne parvenait pas à réunir deux ou trois cents farceurs de la force des parleurs de la bourgeoisie démocratique, elle réunirait toujours ce nombre en hommes de bon sens; et comme cette graine n'a jamais porté de mauvais fruits, la classe ouvrière s'en contenterait et la France aussi.

Quant aux dangers pour l'ordre social, nous avons déjà dit plus haut que les ouvriers intelligents, qui ne subissent pas l'influence des intrigants de la démocratie, savent autant que quiconque toutes les déceptions qui les attendraient au seul essai des idées socialistes. Nul d'eux n'ignore que M. Louis Blanc n'expérimentera jamais les siennes, et que, si l'État lui confiait la direction d'un atelier social, soit industriel soit agricole, fût-il en cela servi par le personnel sous-directeur le plus capable, l'entreprise n'aurait pas de longs jours. C'est une erreur considérable de croire que l'esprit de beaucoup d'ouvriers ne va pas jusqu'à comprendre qu'il n'y a pas en France quatre hommes convaincus de la possibilité de faire vivre l'un de ces ateliers; que, s'ils y étaient, depuis longtemps ils se seraient associés pour le créer, ne fût-ce dans un autre but que d'attacher leurs noms à la solution d'un problème réputé insoluble par tous les hommes sérieux.

Les ateliers nationaux et les essais d'association de 1848 nous ont trop montré le rôle dissolvant que les passions jouent dans les affaires de communauté, lorsque la discipline militaire ou la force du sentiment religieux ne soumettent pas les esprits à l'obéissance passive.

La représentation spéciale des intérêts devrait même être considérée comme un sérieux gage contre les dangers du socialisme, attendu que, par son existence, les ouvriers ne seraient plus sollicités à prêter leur attention à ces questions par les milliers d'ambitieux qui, aujourd'hui, s'en font du pain à leurs dépens.

Avec la disparition des ouvriers comme instruments d'élections bourgeoises, disparaissent les candidats socialistes et les candidats de la coterie symbolique, qui a organisé et discipliné les décades électorales que nous voyons fonctionner depuis 1869 dans le Midi et la plupart des grands centres. Il ne reste plus que des représentants de la classe ouvrière, qui trouveront dans les assemblées, avec des sénateurs et des députés intéressés à combattre *pro domo* les idées socialistes, les hommes les plus capables de les éclairer sur l'inanité de ces rêves.

Voilà pour les adversaires amis. Avec les adversaires ennemis, nous rencontrerons non-seulement notre incapacité et les dangers pour l'ordre social, mais encore toute une série de raisons sans suite et sans à-propos, telles que :

Le rétablissement des classes,

L'impossibilité de l'application du système,

L'alliance avec le clergé par notre alliance avec la classe supérieure,

L'alliance du travail et du capital,

La séparation de l'Église et de l'État,

Le mariage des prêtres,

La libre pensée, etc., etc.

Le rétablissement des classes.

Dit-on, aujourd'hui même, la classe supérieure, la classe moyenne, la basse classe ou la classe ouvrière? Oui, on le dit. Or, ces choses existent. Ce qui n'existe plus, et ce que personne ne songe à rétablir, ce sont les priviléges qui ont donné lieu aux abus que tout le monde connaît. Si donc les choses existent, la représentation spéciale des intérêts ne les créera pas? Du reste, les classes ont existé, existent et

existeront toujours; ce n'est pas quelques centaines de légistes bourgeois qui ont le pouvoir
de les abolir. Ils n'ont pas plus ce pouvoir
qu'ils n'ont celui de supprimer l'homme ou la
femme. Une représentation nationale qui repose
sur douze sortes d'intérêts n'enfante pas plus
de classes qu'elle ne crée la diversité de ces
intérêts. Il y aura tout simplement dans les
corps électifs des représentants d'origines dif-
férentes, lesquels ne seront, pour cela, ni plus
sots ni moins bons français que beaucoup de
leurs devanciers. Les encyclopédistes du barreau et de la médecine n'auront plus le monopole de connaître et de traiter toutes les questions; à leur place, il y aura des spécialistes
pour chaque chose. Voilà toute la différence.

L'impossibilité de l'application du système.
Il n'y a aucune impossibilité. La petite et la
grande propriété peuvent être séparées par
l'impôt foncier; la petite et la grande industrie,
le grand et le petit commerce, par l'impôt mo-
bilier; l'instruction, la magistrature, l'armée,
l'administration et les hommes d'affaires, par
la profession; la classe ouvrière, par le salaire.
Toutefois, les bureaucrates, les commis ou
contre-maîtres, dans toutes les professions, et les

domestiques attachés à la personne seront classés pour voter avec leurs patrons ou leurs maîtres; leurs intérêts n'ayant rien de commun avec les intérêts de l'ouvrier proprement dit. Et après? Après! on fera tout bêtement ce qu'on fait aujourd'hui pour les élections sénatoriales : chaque classe d'électeurs nommera des délégués dans sa commune ou dans son quartier, qui iront voter au chef-lieu de canton, d'arrondissement ou de département, où seront, très-simplement, douze sections électorales. Est-ce assez simple?

Notre alliance avec le clergé par notre alliance avec la classe supérieure.

Comme de juste, ce sera l'ânerie sur laquelle ils clabauderont le plus. Nous n'examinerons pas si les ouvriers ont des intérêts à débattre avec les curés; si, à l'hôpital, ce sont les patrons qui vont leur fermer les yeux; si les secours que leurs familles reçoivent dans les temps de chaumage leur arrivent plus particulièrement par la voie des démocrates que par la voie des amis des prêtres; nous dirons seulement que nous ne comprenons pas comment le droit d'être représentés dans tous les corps électifs pourrait nous livrer à l'influence du clergé. Parce que, dites-vous, nous serions les alliés de la classe supérieure? Mais cette alliance ne porterait toujours que sur la forme du gouvernement, et n'aurait d'autre but que d'obtenir aide et protection contre vous et contre vos hommes politiques. Votre sollicitude est donc trop grande.

L'alliance du travail et du capital.

Cette blague a vu le jour avec la suppression des constitutions ouvrières. Elle a donc le tort d'être séculaire, d'avoir même perdu les dents. Elle vaut l'alliance du marchand et de l'acheteur : Tu auras le pantalon, quand tu auras l'argent, qui n'est que la sœur cadette de : Tu auras du travail, quand j'aurai de l'ouvrage.

L'alliance du travail et du capital se fera le jour du rétablissement des engagements permanents, quand le patronat sera privé des moyens de créer le chômage ; le jour où les industriels seront obligés de prendre pour base des prévisions de leur budget un nombre déterminé d'ouvriers, qu'ils ne pourront plus les renvoyer qu'à charge de leur payer, jusqu'à la fin de l'année, le salaire du temps qui en restera à courir ; le jour, enfin, que l'ouvrier aura son syndicat pour intervenir en sa faveur dans les différends que les questions de travail, de salaire et autres pourraient soulever entre lui et son patron. Ce jour là, seulement.

La séparation de l'Église et de l'État.

Cette séparation, le mariage des prêtres et la libre-pensée seraient plus à leur place qu'ici dans la revue des lieux communs, qui forment le catalogue des moyens de polémique employés par la bourgeoisie démocratique contre ses adversaires ; mais comme la représentation spéciale des intérêts n'aura pas la vertu de rendre ses ennemis plus logiques en cela qu'ils ne se montrent sensés en tout ; que nous les verrons, à ce propos même, faire des mots sur ces trois plaisanteries, il nous a paru bon de les classer dans ce cadre particulier.

La séparation de l'Église et de l'État repose-t-elle sur un besoin ? est-elle une nécessité politique ? Si oui, les ouvriers en voteront aussi bien la loi que les démocrates. Les cultes empruntent au budget annuel environ cinquante millions, en vertu d'un acte consenti d'accord entre le premier consul et le cardinal Consalvi. Dans cet acte, il est dit que cette somme sera servie au clergé catholique comme indemnité des biens dont il a été dépossédé par la Révolution. Il y a donc là un titre qui vaut tous les titres de propriété possibles, et, pour l'Etat, une dette égale à toutes les obligations. Pour enlever cette indemnité au clergé, il faudrait donc violer le droit de propriété, recommencer les exploits de 1791. C'est quelque chose, d'autant plus que la répartition de ces cinquante millions n'aboutit encore qu'au résultat suivant : évêques, de 10 à 15,000 fr.; curés des chefs-lieux, 1,500 fr.; desservants, 900 fr. Pasteurs protestants : en province, 1,500, 1,800, 2,000 fr.; à Paris, 3,000 fr. Les rabbins et les ulémas sont également payés sur cette somme. Pour faire au clergé le capital de cette indemnité, c'est un milliard qu'il faudrait inscrire à la dette publique. La France paierait ce milliard, elle en a payé bien d'autres, assurément ! grâce à l'Empire, grâce à la Défense nationale ! Mais après ! maintiendrait-on les lois qui interdisent les legs et les donations aux fabriques? Ou vous maintenez cette indemnité au budget, et ces lois s'expliquent; ou vous ne les maintenez pas, et les fabriques acquièrent, de ce chef, le droit d'être légataires et donataires. Dans le premier cas, rien n'est changé; dans le dernier, c'est la séparation de l'Église et de l'État, et nous voyons renaître les biens de fabrique ou biens du clergé. Voilà tout le résultat, et tout ce qu'aurait de savant cette fameuse combinaison de la séparation de l'Église et de l'État ! Il faut convenir qu'elle ne vaut vraiment pas le bruit qu'on fait autour.

Le mariage des prêtres.

Le mariage des prêtres n'est prôné que par une catégorie spéciale d'individus.

L'expérience des choses de la vie met quiconque à même de faire cette remarque curieuse, que neuf sur dix des particuliers qui font du bruit des écarts de certains prêtres, sont ceux-là même à qui la société est redevable de la plus forte somme de démoralisation qui résulte du commerce illicite des sexes.

Voyez au café ce charcutier; en wagon, ce rentier; à l'hôtel, ce commis-voyageur; sur la place, ce fermier; voyez l'imbécile qui est en train de conter un ragot sur la none ou sur le curé, il va conclure par la nécessité morale du mariage des prêtres ! après quoi, il nous passera des détails sur l'histoire de la portière, et tout cela, par un enchaînement naturel, pour arriver à nous dire.... quoi ? que, la veille et l'avant-veille,.... sa femme et sa fille ont failli le surprendre avec sa bonne !

Les hommes qui n'ont même pas pour le prêtre une grande sympathie, et cela ou parce qu'ils sont déistes ou parce qu'ils n'appartiennent pas à son culte, mais dont le moral est assis et la conduite à peu près régulière, apporteront toujours un soin particulier à ne jamais se faire contre le clergé un motif de ces écarts pour le combattre. Le sentiment qu'ils ont de leurs propres faiblesses et le bon sens les gardent de cette sottise commune aux seuls cerveaux affligés de la passion d'être bêtes.

Le mariage des prêtres ne serait tout d'abord possible qu'à la condition de supprimer la confession auriculaire, autrement dire, de supprimer le concile de Trente, en passant tous les catholiques au protestantisme. C'est une grosse besogne, et qui ne se ferait pas en un jour. Ensuite, s'il était vrai, ainsi que le racontent les apôtres de la suppression de la charité, que les prêtres auraient le défaut d'attirer, pour leurs besoins particuliers, des ressources qui, sans cela, passeraient dans la maison du pauvre, on se demande si les besoins d'un prêtre, père de famille, diminueraient par l'augmentation des charges de la cure; si, parce qu'il aurait femme et enfants, il perdrait le défaut d'attirer à lui. Nous croyons au contraire, nous, que l'amour de la famille, qui serait aussi vivace en lui que chez tous les pères de famille, aurait pour mauvais effet de le rendre radical : envieux du bien d'autrui, dédaigneux pour l'ouvrier et ennemi du pauvre.

La libre pensée, ou la liberté de penser.

La liberté de penser est la faculté de manifester sa pensée avec une entière indépendance et sur toutes sortes de sujets. La libre pensée est la plus grosse bourde à la mode. Elle éclipse la Liberté, l'Égalité et la Fraternité. Avec la libre pensée, le plus sot se fait un faux col de philosophe. Je suis libre penseur ! Pardon, je ne comprends pas. Je ne comprends qu'une chose, c'est que tous les despotes ont pu priver l'homme de sa liberté corporelle, lui ôter même la vie, et que pas un, néanmoins, n'a eu le pouvoir de l'empêcher de penser. Au sens littéral de libre pensée, voilà tout ce que je comprends. La liberté de penser est donc aussi ancienne et aussi universelle que le monde.

La liberté de manifester sa pensée rentre dans un autre ordre d'idées. La manifestation de la pensée touche à la liberté d'autrui.

Si je dis de quelqu'un : c'est un honnête

homme. Je ne fais que constater un fait, en tant que je dis vrai; et si je me trompe, mon erreur, ne lui portant aucun préjudice, ne fera naître en lui aucune envie de me faire du mal. Mais si, au contraire, je dis : c'est un coquin, et bien qu'en cela je ne fasse encore qu'exprimer une vérité, le fait seul de cette constatation ne fera pas moins naître en lui un désir de vengeance, parce que sa conscience lui dit que je me suis permis à son égard une manifestation de pensée qui m'aurait blessé, si un autre, ou lui, se l'était permise envers moi, quand encore cet autre ou lui n'aurait dit que la vérité. Mais si je me trompe, si c'est un honnête homme ! la conscience, la raison, le bon sens reconnaissent-ils que j'avais la liberté de manifester ma pensée? Assurément non. Dites-moi alors ce que c'est que la liberté de penser. Toujours une blague !

La liberté de penser n'est donc autre chose que la liberté de faire, ou, plus simplement, la liberté ; et comme la raison ne comprend pas la liberté de faire le mal, qu'elle ne conçoit que la liberté de faire le bien, avez-vous bien le sentiment de ce que vous faites, modernes pauvres d'esprit, en vous cocardant libre-penseurs? Croiriez-vous être libre-penseurs parce que

vous vous diriez panthéistes, déistes ou matérialistes? Vous vous tromperiez. Soyez ce que vous
voudrez, vous appartenez à un culte; et l'action
de vous faire enfouir civilement, avec ou sans
accompagnement de discours et d'immortelles,
n'est encore qu'un effet de la liberté des cultes.
C'est le culte du rien, si vous le voulez, mais
c'est un culte. Vous êtes libre-penseurs! et pas
un de vous n'oserait professer que l'homme a
le droit de commettre un crime défendu par la
conscience. Vous êtes libre-penseurs, et vous
ignorez que toutes les fautes des hommes sont
préméditées par la pensée, et que, toutes, sont
condamnées par la conscience. O profondeur
de la sottise humaine!

Vous êtes libre-penseurs! et vous ignorez
jusqu'aux choses les plus élémentaires; à savoir, qu'il n'y a pas, qu'il ne peut pas y avoir de
conscience sans Dieu, de morale sans Dieu!
Votre ignorance est telle, sur ce point, et votre
intelligence si limitée, que votre pensée ne
peut s'élever jusqu'à comprendre qu'il n'est pas
d'exemple sur la terre de la soumission de
l'homme aux lois morales qui n'ont pas Dieu
pour principe; que l'homme ne se subordonne
pas à l'homme dans la pratique de ces lois.

Tous les moralistes, tous les philosophes,

tous les poëtes, tous les savants de la terre, n'ont pu, sans Dieu, imprimer dans la conscience humaine l'obligation d'un seul devoir. Et, de même qu'il n'y a pas de principe sans Dieu, il n'y a pas de Dieu sans culte. Vous ne détruirez pas le passé, libre-penseurs; vous n'annulerez pas le présent; vous ne ferez pas l'avenir; vous ne créerez pas la conscience; vous n'éteindrez pas la raison!

La conscience, au sens de juge intérieur de nos actes, n'est conscience que par les principes qui la forment.

Le Musulman reconnaît pour licite l'esclavage et la traite des femmes, parce que l'Alcoran lui fait cette conscience.

Les Caffres et les Hottentots reconnaissent pour licite l'usage de la chair humaine des blancs, parce que ces peuples sauvages n'ont ni Talmud ni Évangile pour leur faire une autre conscience : parce qu'ils sont libre-penseurs!

Si les chrétiens et les juifs condamnent l'une et l'autre de ces consciences, c'est parce que le Décalogue leur en fait un devoir.

L'enfant sait que le vol est un crime, quand sa mère lui révèle que Dieu le punit.

L'homme a le pouvoir de créer le gendarme et de punir le voleur, mais il n'a pas celui de faire, dans la conscience, du vol un crime.

Non-seulement la liberté de penser n'est que la plus volumineuse des sottises malsaines, mais la liberté de conscience, ou des cultes, n'est même pas, pour vous, un principe de règle absolue, puisque vous la condamnez au nom des principes chrétiens. D'accord avec nos lois politiques et la conscience chrétienne, vous la condamnez en prohibant les actes de la conscience musulmane et la pratique des actes de la conscience des Caffres et des Hottentots.

Arrière donc toutes vos stupidités : ma conscience, la règle de ma conscience, ma conscience me suffit ! Votre conscience sans Dieu, votre Dieu sans culte, c'est le visage de tous les hommes, la feuille de tous les arbres, le grain de sable de toutes les plages : c'est la beauté dans la diversité ! Cent ans d'existence ne suffiraient pas à un mortel pour en collectionner deux en tout semblables !

Revenons donc à notre sujet.

Nous avons dit que nous ne pouvions pas faire alliance avec la république ni avec l'empire, qui ne sont, l'un et l'autre, que des régimes chers à nos adversaires. Les républicains et les impérialistes ne sont pas tous des adversaires, assurément ; mais tous nos adversaires, tous ceux qui professent les doctrines qui ont fait les mœurs pourries actuelles, et l'ouvrier ce qu'il est, sont républicains ou impérialistes ; tous !

Les légitimistes ne sont pas tous des hommes parfaits, et tous n'appartiennent pas à la classe supérieure : la classe moyenne et la basse classe en comptent un grand nombre.

Mais si nous faisons deux parts des hommes qui se distinguent le plus par les qualités du cœur et le sentiment d'honneur, nous sommes forcés de reconnaître que les légitimistes l'emportent sur les deux autres partis réunis.

A défaut, donc, de la nécessité qu'il y a pour nous de faire alliance avec la classe supérieure qui, comme nous, a le même intérêt à lutter contre les doctrines et la domination de la classe moyenne, et avec laquelle nous n'avons aucun intérêt à débattre, cette raison seule suffirait, déjà, pour nous éloigner de la république et de l'empire.

Mais le drapeau tricolore, le drapeau qui a abrité la Terreur et les invasions de 1814 et de 1815 ; 1830 et les partis qui déchirent la France ; le coup d'Etat, l'unification de l'Italie et de l'Allemagne, le Mexique, Metz, Sedan, la dictature d'un Gambetta, et la Commune ; le drapeau du paupérisme, du démembrement et de l'abaissement de la France ! le drapeau bourgeois vaut-il le drapeau blanc ?

Vaut-il le drapeau qui a abrité moins d'abus et moins de hontes en mille ans, quoi qu'on dise, que le drapeau tricolore n'en a abrité en soixante ans ? vaut-il le drapeau des constitutions ouvrières, le vieux drapeau de la vieille France, de la grande nation ! vaut-il le Drapeau Royal ?

Le vaut-il ! révolutionnaires détracteurs de toutes nos gloires, adorateurs de toutes nos sottises, auteurs de tous nos malheurs ? Oseriez-vous soutenir que la France démembrée, épuisée, agonisante dans la division des partis ; que la France qui jette, par année, 35,000 de *ses électeurs* dans les sans-foyer, dans le paupérisme ; que la France de l'impôt du sang, des Gambetta, des Thiers, des francs-maçons et des libre-penseurs, que cette France vaut la France chrétienne, la France de ses Rois ! la France dont la littérature et les arts inondaient l'Europe, dont la puissance faisait trembler le monde ! Allons donc !

Pour éviter toute méprise, je prie le lecteur de ne pas croire qu'il entre dans mes intentions de comprendre toute une classe, toute une profession ou tout un parti sous les mots : bourgeois, bougeoisie etc., et sous tous autres employés comme collectifs et de façon à pouvoir le laisser supposer. Il n'y a en cause, dans cette brochure, ni les hommes d'une classe, ni les hommes d'une profession, ni les hommes d'un parti. Il ne s'agit ici que des hommes de toutes les classes, de toutes les professions et de tous les partis qui se séparent des cahiers des états généraux pour épouser les doctrines des proconsuls de la Convention ; des hommes qui font dater le monde des pratiques philosophiques, politiques et commerciales de la Révolution.

Si j'ai pu démontrer :

1° Que l'isolement de l'ouvrier et son asservissement au capital sont le fait de son association électorale aux hommes de la classe moyenne, aux idées politiques et commerciales de la Révolution;

2° Que l'alliance du travail et du capital n'est possible, pour les deux parties, qu'à parité de droits pour en traiter ;

3° Que les doctrines à perte de vue sur la liberté, l'égalité et la fraternité ne sont que d'ignobles mensonges, dont se sont servis et dont se servent tous les intrigants pour abrutir et pour exploiter les masses ;

4° Que la Révolution a été faite autant contre la classe ouvrière que contre les classes supérieures ; que, du reste, elle n'a profité qu'au patronat, aux hommes d'affaires et aux enrichis de la classe moyenne ;

5° Que tout gouvernement n'est rien par sa forme, qu'il n'est bon ou mauvais que par ses institutions ;

6° Que la république et l'empire ne sont en France que des régimes de classe moyenne ; bourgeois par les idées et révolutionnaires par ceux qui en vivent, auxquels l'ouvrier doit son servage et la France sa déchéance ;

7° Que la légitimité est plus particulièrement le gouvernement de nos alliés naturels, le régime qui a donné à la classe ouvrière le plus de liberté vraie et de bien-être relatif, et sous lequel se sont faites l'unité et la grandeur de la nation ;

8° Que le suffrage universel, basé sur le nombre, l'ignorance et la confusion de tous les intérêts, est absurde, en même temps que contraire à la paix sociale ;

9° Que le suffrage universel, basé sur la distinction des intérêts et la représentation spéciale

de chacun d'eux, ne peut être qu'un acte d'é-
quité envers la classe ouvrière et un instrument
d'ordre et de sécurité pour tous;

10° Et que l'ouvrier ne peut rien seul, rien
sans alliés, et que ses alliés ne sont que dans le
parti légitimiste;

Si j'ai pu démontrer cela, que devons-nous
faire?

Nous devons faire ce que font tous les hommes
qui ont le sentiment du devoir et la connaissance de leurs besoins; nous devons :

1° Par cette raison, dont cependant nous nions
autant la vérité que nous nions pour notre
compte la vérité de ces deux proverbes : *Nul
n'est content de sa fortune ni mécontent de son
esprit; l'homme ne sait quelque chose que le
jour où il apprend qu'il ne sait rien;* par cette
raison, dis-je, que vous, bien d'autres et moi,
nous n'avons jamais rencontré quelqu'un d'une
instruction primaire ne pensant et ne raison-
nant pas *en tout* comme le journal qu'il lit; nous
devons tenir pour vingt fois suspectes les idées
politiques et sociales de tout journal dit démocratique, impérialiste ou républicain; et ne
rechercher nos nouvelles que dans les feuilles
opposées à la coterie de la presse, du patronat et
des boursicotiers.

2° Nous occuper constamment, dans la mesure de nos moyens et de nos forces, à faire entre tous les ouvriers l'union sur ces trois bases :

La représentation spéciale des intérêts par le suffrage universel ;

Le rétablissement des constitutions ouvrières ;

Et la création à Paris d'un grand organe politique, pour la défense spéciale de nos intérêts propres.

3° Repousser tout candidat qui n'est pas légitimiste, et, quoique légitimiste, qui ne prend pas l'engagement public et formel de travailler à la solution de ces trois questions.

A ces conditions, la classe ouvrière *actuelle* verra le jour de son indépendance envers le capital ; différemment, ni elle ni ses enfants ne le verront.

Nous devons, surtout, nous bien pénétrer de cet axiome de la sagesse : « qu'il ne s'obtient rien de durable, qu'il ne se fait rien d'honorable que par l'emploi des moyens pratiques et honnêtes. »

Or, les idées socialistes qui ont pénétré dans la classe ouvrière par les écrits des Saint-Simon, Thomas Morus, Cabet et Louis Blanc, sont justement impraticables et immorales : impraticables, parce qu'elles se heurtent au sentiment de la liberté et de la possession individuelles; immorales, parce qu'elles violent la justice en violant le sentiment de la liberté d'autrui.

La France est malade, la France est divisée, la division a chassé la paix de son sein. Comme aux ouvriers du filet de la Judée, qui changèrent la face de la terre par la pratique et l'enseignement des vérités sociales à la fois les plus hautes et les plus démocratiques; il incombe aux ouvriers de l'usine et des champs, aux enfants de la vieille France, d'arracher leur mère aux empiriques de la nouvelle idolâtrie, en lui rendant la santé et la paix, par la pratique de toutes les vertus et l'enseignement de la justice. Ils l'arracheront !

F. ALLANTAZ.

Rozoy-en-Brie, septembre 1877.

10,062. — PARIS. IMP. JULES LE CLERE ET Cⁱᵉ, RUE CASSETTE, 29.